Max Schimke

Freund unter Feinden

Max Schimke

Freund unter Feinden

Wie ich als junger Soldat
den Zweiten Weltkrieg überlebte

herausgegeben von Werner Schimke

BRUNNEN
Verlag GmbH · Giessen

MIX
Papier aus verantwortungsvollen Quellen
FSC® C014496
www.fsc.org

Umschlagfotos: privat
Umschlaggestaltung: Jonathan Maul
Satz: DTP Brunnen
Druck: GGP media GmbH, Pößneck
ISBN Buch 978-3-7655-0984-1
ISBN E-Book 978-3-7655-7500-6

www. brunnen-verlag.de

Inhalt

Vorwort von Werner Schimke

Gott sei Dank, ehrlich und von ganzem Herzen, denn der junge Soldat, der den Zweiten Weltkrieg überlebte, wurde mein Vater. Im Herzen Berlins war er in ärmsten Verhältnissen und in einer großen Hausgemeinschaft unter armen Menschen aufgewachsen. Er hatte auf so vieles verzichten müssen und Schicksale miterlebt und kennengelernt, die sein ganzes späteres Leben beeinflussen und prägen sollten.

Schon als Jugendlicher verlor er im Alter von fünfzehn und siebzehn Jahren Vater und Mutter. Mit seiner Arbeitsstelle, einem jüdischen Teppichgeschäft, wo er gelernt hatte und anschließend als Dekorateur weiterbeschäftigt wurde, fühlte er sich sein ganzes Leben lang innerlich verbunden. Dort erfuhr er viel Gutes, sodass er stets mit Dank und Bewunderung an all die Menschen zurückdachte, die so viel für ihn getan hatten. Zum größten Teil waren dies jüdische Menschen, die in den Kriegsjahren sicherlich alle umgekommen sind. Gerade auch in der Zeit zwischen 1933 und 1939, seiner eigentlichen Jugendzeit, ereignete sich so viel politisch und weltanschaulich wie wohl in keiner anderen Zeit zuvor oder danach. Wenn Max Schimke sich auch aus all den politischen Veranstaltungen heraushalten konnte und nie etwas mit den Nazis zu tun hatte, musste er doch hautnah miterleben, was für ein großes Unrecht gerade an den Juden, mit denen er doch nur die besten Erfahrungen gemacht hatte, in dieser Zeit begangen wurde.

Als Zwanzigjähriger wurde er zum Militärdienst einberufen und kämpfte sechs Jahre lang unter manchen Todesgefahren als Soldat an verschiedenen Kriegsfronten. Dazwischen lernte er die Frau seines Lebens kennen und heiratete sie. In der

Nachkriegszeit baute er mit ihr zusammen, trotz vieler Entbehrungen und Einschränkungen, eine Familie und eine neue Existenz mit eigenem Haus und großem Garten in dörflicher Idylle auf. Im Krieg war ein großer Teil seiner geliebten Heimatstadt Berlin fast völlig zerstört worden. Und 1961 kam dann noch die schreckliche Todesmauer dazu, die für die Einwohner von Berlin so manche Tragödie mit sich brachte.

Seine packende und bewegende Lebensgeschichte hat Max Schimke in den letzten Jahren für seine Kinder und Enkel in fünf handgeschriebenen Büchern ausführlich festgehalten und mit vielen Fotos dokumentiert. Die Aufzeichnungen, wie mein Vater als junger Soldat den Zweiten Weltkrieg sechs Jahre lang überlebte, sollten aber nicht nur seinen Angehörigen vorbehalten bleiben, sondern auch einen Beitrag gegen das Vergessen der wahnsinnigen Grausamkeit des Zweiten Weltkrieges leisten mit den etwa 55 Millionen Kriegstoten und den vielen unsinnigen Zerstörungen sowie der Sinnlosigkeit von Krieg im Allgemeinen (Schätzungen über den Zweiten Weltkrieg, die Verbrechen und Kriegsfolgen einbeziehen, reichen bis zu 80 Millionen Toten). Denn es gibt ja heute kaum noch lebende Zeitzeugen dieser schrecklichen Ereignisse. Deshalb habe ich dieses spannende und auch berührende Buch aus den Aufzeichnungen meines Vaters zusammengestellt.

Werner Schimke im Juni 2017

Die „Reichskristallnacht“ im November 1938

Es war am 8. November 1938, ein Tag, den ich in meinem Leben nie vergessen werde, mein vorletzter Arbeitstag, denn am 11. November sollte ich zum Arbeitsdienst einberufen werden. Schon Tage davor wurden von den nationalsozialistischen Parteiorganen Parolen gegen die Juden herausgegeben, die Schaufenster jüdischer Geschäfte verschmiert und zum Teil jüdische Bürger, die ja den Judenstern tragen mussten, öffentlich beschimpft. Doch was sich an diesem 8. November ereignet hat, das kann man mit Worten fast nicht beschreiben.

Im September hatte ich mir von einem jüdischen Schneider, der mir von meinem Geschäft aus, wo ich als Dekorateur arbeitete, besonders empfohlen wurde, einen Anzug machen lassen. Er war auch sehr preiswert und kostete nur 60 Reichsmark. Ich konnte ihn sogar in drei Monatsraten bezahlen. Darum machte ich mich am 8. November nach Geschäftsschluss auf den Weg zu meinem Schneider, um die letzte Rate zu bezahlen. Er wohnte in einem ausgesprochenen Judenviertel, nicht weit von meinem Geschäft entfernt. Doch in dieser Straße da war die Hölle los, denn so konnte man es nur nennen, was sich dort abspielte. So zogen Männer der SA, der uniformierten und bewaffneten paramilitärischen Sturmabteilung, wie die Kampf-, Schutz- und Propagandatruppe der Nationalsozialisten genannt wurde, Juden aus ihren Häusern, schnitten ihnen die Bärte und zum Teil auch die Haare ab und schlugen sie mit Schlagstöcken.

Ich konnte nur mühsam bis zum Haus meines Schneiders gelangen, und als ich schon im Treppenhaus war und gerade hinaufgehen wollte, kamen mir mehrere SA-Männer entgegen. Höhnisch lachend zerrten sie meinen Schneider die Treppe hinunter, der sich ja nicht wehren konnte, denn er war schon ein etwas gebrechlicher älterer Mann. Sie zerrten ihn an mir vorbei auf die Straße und auch mich brüllten sie an, was ich wohl in diesem Haus wolle. Ich konnte meine Tränen nicht verbergen und ein unsagbarer Hass stieg in mir auf. Ja, ich schämte mich, dass ich einfach nur dastand und zuschaute, ohne helfen zu können. Aber ich wusste, wenn ich auch nur ein einziges Wort gesagt hätte, hätten sie mich auch mitgenommen. So konnte ich nur sprachlos mit ansehen, wie sie meinen Schneider beschimpften, ihm den Bart abschnitten und ihn schlugen.

Dieser Mann, der niemandem etwas Böses getan hatte, schaute mich völlig hilflos an, als wenn er fragen wollte, ob ich ihm denn nicht helfen könnte. Er ließ alles geduldig über sich ergehen, ohne sich auch nur mit einem Wort zu rechtfertigen. Ich konnte diesen Anblick nicht mehr ertragen und lief fort, so schnell ich nur laufen konnte.

In dieser Nacht fand ich keinen Schlaf, denn ich sah immer nur den Hilfe suchenden Blick meines Schneiders vor mir. Ich kam mir wie ein erbärmlicher Verleugner und Verräter vor und hatte danach nicht einmal mehr den Mut, ihm die restlichen 20 Mark zu bringen, die ich ihm ja noch schuldete. So sehr schämte ich mich, diesem Menschen noch einmal unter die Augen treten zu müssen, obwohl ich ihm so gerne gesagt hätte, wie abscheulich ich dies alles empfunden hatte. Ich zahlte ihm das restliche Geld per Zahlungsüberweisung mit der Post ein. Doch mein Gewissen ließ mich nicht zur Ruhe kommen und ich überlegte ständig, wie ich diesem armen Mann wohl helfen könnte. Aber ich sah einfach keine Möglichkeit und ich dachte eigentlich nie daran, dass ich diesem Mann je noch einmal begegnen würde.

Jener Abend, an dem ich all das Schreckliche miterlebt hatte, war allerdings nur der Anfang der „Reichskristallnacht" gewesen. In dieser schrecklichen Nacht wurden in Berlin die Synagogen angezündet und in einem großen Teil der jüdischen Geschäfte die Schaufenster eingeschlagen. Auch in meinem Geschäft sah es verheerend und trostlos aus. Wie konnte so etwas geschehen?

Ich musste mich schmerzlich daran erinnern, wie, zwei Tage nachdem mein Vater begraben worden war, am 30. Januar 1933 die Zeit des Nationalsozialismus unter der Führung von Adolf Hitler begonnen hatte. Bis spät in die Nacht hinein hatte es Fackelzüge der SA gegeben, die sich durch alle Straßen von Berlin bewegten. Damals hatte ein ganz neuer Zeitabschnitt gerade hier in Berlin begonnen. Doch die Mieter in unserem Haus und die meisten Bewohner unserer Straße hatten sich mit dieser neuen Regierung und mit Adolf Hitler als Reichskanzler nicht identifizieren können. Der Bezirk Mitte war der Bezirk in Berlin gewesen, wo die Nationalsozialisten am wenigsten Stimmen bekommen hatten. Unser Haus Köpenickerstraße 35 war sogar als die „Rote Burg" bezeichnet worden. Ja, schon nach wenigen Tagen waren einige unserer Hausbewohner von der SA abgeholt worden und wir hatten sie nie wieder gesehen. Wie wir später erfahren hatten, waren sie in das Konzentrationslager Oranienburg im Norden von Berlin gebracht worden. Im Grunde war ich beinahe froh gewesen, dass mein Vater vorher gestorben war, denn auch er war wohl auf der Liste der SA gestanden, und eine Festnahme und den Abtransport in ein Konzentrationslager hätte meine Mutter damals sicherlich nicht überlebt.

Von da an hatten wir auf der Hut sein müssen, denn überall gab es jetzt Spitzel, die nur darauf warteten, Menschen den Nazis auszuliefern. Das hatte schon in der Schule begonnen, und ganz besonders schlimm war es in den staatlichen Organen sowie bei den Behörden. So sollten nach Möglichkeit die Erwachsenen in die Partei oder in die SA, die Jugendlichen in die Hitlerjugend und die Kinder dem sogenannten Jungvolk beitreten. Mein Bruder und ich hatten uns in der ganzen Zeit, auch in den kommenden Jahren, aus allem raushalten können und wir hatten es immer verstanden, zum Nazisystem Abstand zu halten. Wir hatten aber auch nur Freunde und Bekannte, die so wie wir gesinnt waren, und so ist es uns nicht allzu schwergefallen, unsere bisherige Gesinnung zu bewahren. Wenn wir uns jedes Jahr einmal, am 1. Mai, am Tag der Arbeit, im Lustgarten neben dem Berliner Dom zum Aufmarsch hatten versammeln müssen, so waren wir die Ersten, die unbemerkt wieder verschwunden waren. In den ganzen Jahren bis zum Kriegsausbruch 1939 hatte ich sonst an keiner politischen Veranstaltung teilgenommen und hatte auch den „Führer“, wie Adolf Hitler genannt wurde, nie in Berlin gesehen. Und jetzt war ich echt froh, Berlin für ein halbes Jahr verlassen und meinen Arbeitsdienst antreten zu können. Doch diese schreckliche Reichskristallnacht würde ich in meinem ganzen Leben nicht vergessen können.

Beim Arbeitsdienst

Niemals vorher hätte ich geglaubt, dass ich einmal so gerne meinen Arbeitsdienst antreten würde. Aber ich brauchte einfach eine neue Umgebung und wollte vergessen können. Die letzten Tage hatten mich so geschockt, dass ich mich darauf freute, Berlin für einige Zeit verlassen zu können. Mein Arbeitsdienstlager war in Segendorf, 12 Kilometer von Neuwied im Rheinland, am Rande des Westerwaldes. Es war wunderschön auf einer Anhöhe am Waldrand gelegen. Unsere Arbeitsaufgabe bestand darin, ein Waldstück zu roden und nutzbares Ackerland daraus zu machen.

Es war eine Arbeit, die nicht leicht war, aber dennoch Spaß machte. Wir waren den ganzen Tag in der frischen Luft und bekamen einen guten Appetit, woran es mir bis dahin meistens gefehlt hatte. Zugleich wurden wir auch militärisch geschult, wenn auch nur mit dem Spaten, aber Disziplin musste sein. Für viele von uns war es sicherlich kein Fehler, ein wenig Ordnung zu lernen. Mir fiel das allerdings ziemlich leicht, und so wurde ich schließlich sogar als Vorbild wegen meiner Schrankordnung und meines Bettenbaus hingestellt. Die ganze Abteilung, und das waren immerhin 160 Mann, musste meinen Schrank und meinen Bettenbau besichtigen und ich war bald im ganzen Lager bekannt. Dies stärkte schon mein Selbstvertrauen und tat mir sichtlich gut. Wahrscheinlich lag es an meinem Beruf, denn als Dekorateur war ich gewohnt, alles exakt und dekorativ zu gestalten.

Ich konnte jedoch noch einen weiteren Titel erwerben. Jeden Morgen wurden fünf Männer zum Kartoffelschälen in die Küche abkommandiert, sodass jeder einmal mit dieser Arbeit drankam. Da ergab es sich fast von selbst, dass man den schnellsten Kartoffelschäler ermitteln wollte. Jeder musste zehn etwa gleich große Kartoffeln schälen, wobei die Zeit gestoppt wurde. Obwohl ich gar nicht damit gerechnet hatte, konnte ich mir den Titel als Meister im Kartoffelschälen holen. Wenn dieser Titel auch kein ruhmreicher war, so durfte ich doch feststellen, dass ich dadurch so manche Vergünstigung hatte. Ich gehörte sogar zu den zehn Auserwählten, die zu Weihnachten fünf Tage in Urlaub fahren durften, was ich natürlich auch gerne in Anspruch nahm. So traf ich am Abend des 23. Dezembers an meinem zwanzigsten Geburtstag in Berlin ein und konnte zusammen mit meinem Bruder Werner bei meinem Stiefbruder Willy und seiner Familie sowohl meinen Geburtstag als auch das Weihnachtsfest feiern. Damals wusste ich noch nicht, dass es die letzte Feier in Berlin sein sollte. Am 27. Dezember musste ich wieder zurückfahren und hatte mich schnell wieder eingelebt. Doch meine Zeit im Arbeitslager verging sehr schnell und ich war froh, als ich am 1. April wieder im Zug saß und Berlin in Sicht war.

Die Einberufung

Als ich an einem Samstagabend im August vom Geschäft nach Hause kam, war ich nicht wenig erschrocken, einen Bescheid mit der Einberufung zum Militärdienst vorzufinden. So sollte ich mich schon zwei Tage später am Montag um neun Uhr morgens auf einer Sammelstelle in Berlin-Charlottenburg melden. Ich war völlig am Boden zerstört, denn ich konnte nicht einmal mehr meine Firma davon in Kenntnis setzen, sodass mein Bruder Werner dies am Montag für mich erledigen musste.

Es erschien mir alles so unendlich trostlos, bis mein Freund Kurt mich am Sonntag aufsuchte und mir berichtete, dass auch er einen Einberufungsbefehl für Montag zur gleichen Sammelstelle bekommen hatte. Das war für mich ein Lichtblick, denn geteiltes Leid war eben nur noch halbes Leid, und so sah schon alles nicht mehr ganz so dunkel aus. Also trafen wir am Montag gegen Mittag in Rathenow in der Mark Brandenburg, etwa 90 Kilometer von Berlin entfernt, in einer Kraftfahrerkaserne ein. Dort sollte eine Kraftfahrerkompanie neu aufgestellt werden.

Wir waren tagelang in einer riesigen Fahrzeughalle untergebracht und mussten auf einem Strohsack auf dem Boden schlafen, bis wieder Räume in der Kaserne frei wurden. Dann wurden wir in drei Züge mit jeweils sechs Gruppen aufgeteilt. Jede Gruppe bestand aus 12 Mann und kam auf ein Zimmer. Wir wurden der Größe nach aufgeteilt, und da Kurt und ich fast gleich groß waren, kamen wir auch zusammen auf ein Zimmer. Er schlief im Etagenbett oben und ich unten. So wurden wir zusammen gedrillt, bis uns der Schweiß aus den Poren floss, und haben alles miteinander gemeinsam erlebt. In dieser Zeit wurden wir auch beide als Kraftfahrer ausgebildet und bekamen den Führerschein der Klasse eins. Später sollten wir als Kraftradschützen, kurz Kradschützen genannt, bei der motorisierten, beweglichen, leicht bewaffneten und kämpfenden Infanterie eingesetzt werden.

Motorradausbildung in Rathenow in der Mark Brandenburg, September 1939.

Wir waren noch etwa sechs Wochen zusammen in der Ausbildung in Rathenow. Fast zur gleichen Zeit, Ende Oktober, wurden wir zur Truppe abkommandiert. Kurt kam zu einer Pioniereinheit und ich zu einem Transportregiment als Maschinengewehrschütze nach Westdeutschland. Von diesem Zeitpunkt an trennten sich unsere Wege. Kurt hat genau wie auch ich den Frankreichfeldzug und den Russlandfeldzug mitgemacht, bei dem er aber in Russland in Gefangenschaft geriet. Erst 1950 ist er wieder entlassen worden und kam zurück nach Berlin. Das Transportregiment, dem ich zugeteilt wurde, kam gerade aus dem Einsatz in Polen und sollte in Westdeutschland wieder neu aufgestellt werden. So kam ich nach Haiger im Siegerland. Der Regimentsstab lag in Dillenburg und die Kompanien waren im ganzen Umkreis verteilt.

Quartier in Haiger

Es war das erste Quartier, das ich bei meiner neuen Truppe in Haiger beziehen durfte. Nachdem alle Fahrzeuge im Raum Berlin überholt worden waren, wurden alle Truppen nach Westen verlagert. Wahrscheinlich hatte man den Krieg gegen Frankreich schon geplant, denn unsere Übungen in diesem Raum und der Westwall, der mit riesigem Aufwand als Bunkersystem entlang der Westgrenze des Deutschen Reichs gerade gebaut wurde, deuteten darauf hin.

Ich hatte in Haiger ein sehr schönes Quartier bekommen. Die Familie, bei der ich wohnte, bestand aus der Oma, der Mutter und zwei Kindern im Schulalter. Der Mann war auch zum Militärdienst eingezogen worden. Ich wohnte im Haus der Oma, das direkt nebenan war. Am Tage, wenn ich nicht gerade Dienst hatte, war ich meist bei der Familie, denn es war zu dieser Zeit schon ziemlich kühl. Im Haus der Oma, das nur aus zwei kleinen Zimmern und Küche bestand, durfte ich wegen Brandgefahr keinen Ofen anzünden. Der Winter 1939 setzte schon sehr früh ein, und schon lange vor Weihnachten hatten wir viel Schnee und Temperaturen weit unter null Grad.

So waren mein Zimmer und mein Bett immer eisig kalt und im Haus gab es auch keinen Klo, sondern nur einen Nachttopf. Am Morgen war stets eine dicke Eisschicht auf dem Topf, und man brauchte einen Hammer, um den Topf zu entleeren. Doch auch das alles habe ich unbeschadet überstanden. Ja, nicht einmal eine Erkältung habe ich bekommen.

Familienanschluss im Quartier in Haiger/Siegerland.

Ich fand das sogar alles richtig romantisch, und da ich von zu Hause schon so manches gewohnt war, stellte ich in dieser Hinsicht auch keine großen Ansprüche. Für mich war es wichtig, dass die Menschen, bei denen ich untergebracht war, freundlich und sympathisch waren und es gut mit mir meinten. Die ganze Familie, hauptsächlich die Kinder, hatten mich bald in ihr Herz geschlossen, und so bestand ein sehr gutes Verhältnis zwischen uns. In dieser Zeit lernte ich auch ein Mädchen kennen, sie hieß Esther. Sie war neunzehn Jahre alt und schon Filialleiterin vom Kaisers Kaffeegeschäft in Haiger. Wie sie mir voller Stolz sagte, war sie die jüngste Filialleiterin vom ganzen Siegerland.

Bei einem Einkauf kam ich mit ihr ins Gespräch. Sie gefiel mir sofort und ich konnte sie zu einer Zusammenkunft nach Geschäftsschluss überreden. Wir verstanden uns schon nach dem ersten Beisammensein sehr gut und so ergab es sich, dass ich sie abends vom Geschäft abholen durfte. Ja, damit sie schneller fertig wurde, durfte ich ihr sogar beim Geldzählen und bei der Abrechnung helfen. Die zwei anderen Verkäuferinnen mussten das Lager in Ordnung bringen. So hatte ich schon fast vergessen, dass ich Soldat war und weswegen ich in Haiger war. Abends ging ich dann oft mit ihr nach Hause. Sie wohnte in Untermiete mit einer ihrer Verkäuferinnen zusammen, und so brachte ich dann auch immer einen Kameraden mit. Er war auch aus Berlin und wohnte ganz in meiner Nähe. Zu viert verlebten wir in dieser Zeit gemeinsam viele schöne Stunden. Meinen einundzwanzigsten Geburtstag feierten wir mit einer Flasche Sekt, doch über Weihnachten fuhr Esther zu ihren Eltern nach Siegen, und ich feierte das Weihnachtsfest mit meiner Quartiersfamilie.

So verlebte ich noch eine sehr schöne Zeit in Haiger, bis Anfang Februar der Befehl kam, unseren Standort zu wechseln. Das neue Ziel war die Eifel. Der Regimentsstab kam nach Wittlich und unsere Kompanie nach Hetzhof, einer kleinen Ortschaft drei Kilometer von der Mosel entfernt. Es war ein herzlicher, wenn auch wehmütiger Abschied, und Esther und ich versprachen uns zu schreiben. Sie hatte meine Feldpostnummer und ich ihre Adresse, aber erst 1941 in Russland bekam ich einen Brief mit einem Bild von ihr. Sie hatte im Mai 1940 geheiratet und 1941 ein Kind bekommen. Ihr Mann war auch Soldat. Ich habe ihr kurz darauf noch einmal geschrieben, aber dann nie mehr etwas von ihr gehört.

Maschinengewehrausbildung in Haiger (ich am MG).

Letzte Station vor dem Frankreichfeldzug

In Hetzhof kamen wir Anfang Februar, bei strenger Kälte und tiefem Schnee, nach etwa vierstündiger Fahrt an. Ich hatte damals eine 750 Kubik schwere NSU-Maschine gefahren, mit der ich auch später in Frankreich eingesetzt war. Völlig durchfroren bekam jeder sein Quartier zugewiesen, und so hatte ich auch dieses Mal wieder eine Unterkunft bei einer Familie mit zwei Kindern. Das Mädchen war vierzehn und der Junge acht Jahre alt. Der Vater war auch zum Militärdienst eingezogen worden. Hier hatte ich jetzt ein schönes warmes Zimmer, aber sonst konnte man in dieser kleinen Ortschaft nicht viel anfangen.

Unser Dienst bestand hauptsächlich aus Waffenreinigen und Fahrzeugpflege, und in dieser Zeit machte ich auch den Führerschein Klasse drei. So blieb uns noch ziemlich viel Freizeit, doch wurde jeder von uns einmal in der Woche zum Wachdienst eingeteilt. Das war von abends sechs bis morgens sechs Uhr im Wechsel, zwei Stunden Wache und vier Stunden Ruhe. Es mussten immer zwei zusammen den ganzen Ort abschreiten, denn unsere Fahrzeuge standen im gesamten Ort verteilt. Bei diesem Wachgang kamen wir immer mehrmals an einem Haus vorbei, in dem der Feldwebel einquartiert war. Er schlief im oberen Stockwerk, doch man konnte ihn schon von Weitem schnarchen hören. Es war wirklich einmalig, welche Lautstärke dieser Mann entwickelte. Seine Quartiersleute waren da sicher nicht zu beneiden. Doch schon in den ersten Kriegstagen in Frankreich wurde er von einem Geschoss eines Tieffliegers tödlich getroffen.

Die Familie, bei der ich wohnte, war sicher sehr fromm, denn am Sonntag gingen alle zur Kirche, und mittags beteten sie vor und nach dem Essen. Das vierzehnjährige Mädchen hieß Maria. Sie war bildhübsch, doch leider war sie blind. Wir machten zusammen Spiele, bei denen sie immer mitspielen konnte. Mit der Zeit spürte ich, dass sie immer meine Nähe suchte und jede Gelegenheit nutzte, in mein Zimmer zu kommen. So musste sie mit ihrer Mutter über mich gesprochen haben, denn die erzählte mir, dass Maria sich in mich verliebt hätte. Es sei das erste Mal, dass sie Maria so fröhlich und glücklich gesehen habe, und sie bat mich, doch liebevoll mit ihr umzugehen. Ja, ich nahm mir vor, nur gut zu ihr zu sein und ihre Illusion nicht zu zerstören, denn sie tat mir so unendlich leid. Es war so traurig, dass dieses schöne Mädchen blind sein musste, doch Mitleid konnte sie gar nicht ertragen. Ich hörte sie einmal in ihrem Zimmer beten, Gott möge doch mir ein bisschen Liebe für sie in mein Herz legen. Das machte mich tief betroffen, dass dieses Mädchen, trotz ihres schweren Schicksals, das sie zu tragen hatte, solch ein Gottvertrauen haben konnte.

In Hetzhof/Eifel bei der Arbeit
und in der Freizeit.

So waren wir beide sehr glücklich, auch wenn wir nichts miteinander hatten. Es genügte uns schon, wenn wir uns berührten, und sie sagte, sie wäre schon glücklich, wenn sie nur meine Stimme hörte. Der Winter ging schnell vorüber und im Frühjahr hatten wir wieder mehr Dienst und auch viele Übungen. Doch blieb immer noch genügend Zeit für Maria und mich. Ja, in der ganzen Kompanie hatte es sich herumgesprochen, denn wir gingen abends oft bis in die Nacht spazieren. Doch auch dieses Glück ging einmal zu Ende, und als die Nachricht kam, dass wir in Richtung Luxemburg nach Frankreich einmarschieren sollten, fiel uns allen der Abschied sehr schwer. Ich hielt Maria im Arm und wusste, dass ich sie nie wieder sehen würde, und sie wusste es auch. Ja, sie war sehr tapfer und ich versuchte es auch zu sein, bei dieser auch für mich schweren Trennung. Ihre Mutter dankte mir noch ganz besonders für die schönen Stunden, die ich Maria geschenkt hatte, und wünschte mir viel Glück.

Frankreichfeldzug

Elend und Schrecken des Krieges

Was wir alle schon lange erwartet hatten, war nun eingetroffen. Über Nacht bekamen wir den Befehl, uns in Richtung Frankreich in Bewegung zu setzen. So fuhren wir mit unserem Regiment über Trier und überquerten bei Echternach die Grenze nach Luxemburg. In nur wenigen Stunden konnten wir ohne jeglichen Widerstand ganz Luxemburg durchqueren. Die Bevölkerung zeigte sich äußerst zurückhaltend, aber teilweise wurde uns sogar auch zugejubelt. Bei Arlon fuhren wir über die südbelgische Grenze bis nach Givet an der französischen Grenze.

Dort war jedoch im wahrsten Sinne des Wortes die Hölle los, denn unsere Artillerie beschoss mit ihren Geschützen die ganze Nacht französische Befestigungen und die Stadt Sedan am anderen Ufer der Maas. Am nächsten Morgen überquerten unsere Pioniere und unsere Infanterie den Fluss und nahmen die Stadt ein. Als wir mittags nachrückten, war die ganze Stadt noch immer ein Flammenmeer. Unsere Aufgabe war es, die Artillerie und die Infanterie mit Treibstoff, Munition und Lebensmitteln zu versorgen und Gefangene und Verwundete zurückzubringen.

So sahen wir schon in den ersten Kriegstagen viel Elend und Schrecken, die der Krieg auf beiden Seiten verursachte. Doch zum Nachdenken blieb uns nicht viel Zeit, denn schon in kurzer Zeit standen unsere Infanteristen vor Charleville, einer Stadt mittlerer Größe. Auch hier zogen sich die Franzosen nach längeren Kämpfen zurück, sodass unsere Truppen nachrücken konnten.

Hier hatten wir das erste Mal Gelegenheit, uns ein wenig auszuruhen. Unsere Kompanie übernachtete in einem Warenhaus. Wir kamen uns vor wie im Schlaraffenland, denn da gab es alles, was wir brauchten. Erst versorgten wir uns einmal mit Essen und Trinken und dann begaben wir uns in die Bettenabteilung, um endlich einmal wieder so richtig zu schlafen. Am nächsten Morgen ging es nach einem guten und reichlichen Frühstück jedoch schon wieder weiter. Das sollte allerdings das erste und letzte Mal für die kommenden Wochen gewesen sein, wo es uns so gut ging. Jetzt ging es nämlich Schlag auf Schlag. Fast jeden Tag wurde eine Ortschaft eingenommen und so mussten wir ständig hin und her fahren. Die Gefangenen mussten wir bis nach Belgien zurückbringen, und Treibstoff, Munition und Lebensmittel mussten ständig an die Front gebracht werden.

So dauerte es nur wenige Wochen, bis wir das Meer erreichten. Dort fanden noch einmal erbitterte Kämpfe statt, besonders bei Dünkirchen und Calais. Wir verloren bei diesen schweren Kämpfen auch einen Feldwebel und drei Soldaten aus unserer Kompanie durch Tieffliegerbeschuss. Doch schon nach sechs Wochen waren die Kampfhandlungen beendet und der Feind geschlagen, sodass wir ab diesem Zeitpunkt ein recht lockeres und abwechslungsreiches Leben führten. In Plachy bei Amiens bezogen wir ein festes Quartier.

Plachy, unser erstes Quartier nach dem Waffenstillstand

Plachy war eine französische Kleinstadt mit zwei kleinen Schlössern. In einem dieser beiden Schlösser war unser Zug untergebracht. Der Schlossbesitzer wohnte in einem Flügel und der andere Teil mit vielleicht zehn Zimmern wurde von uns bewohnt. Wir mussten von hier aus jede Woche einmal nach Antwerpen fahren, um Treibstoff für unsere Armee zu holen, die im gesamten nördlichen Frankreich verteilt war. Oft fuhren wir auch nach Le Tréport ans Meer zum Baden, was uns immer eine besondere Freude bereitete.

An der französischen Atlantikküste 1940.

Auf dem Weg ans Meer kamen wir jedes Mal an einem Haus vorbei, vor dem ein Kreuz stand. Auf diesem Kreuz waren die Namen eines französischen Mädchens und eines deutschen Soldaten geschrieben. Beide wurden von einem Schnellboot gestellt, als sie nachts versuchten, mit einem Boot von der Küste den Kanal zu überqueren. Sie wurden der Feldgendarmerie übergeben und von ihr vor dem Haus des Mädchens erschossen. Dies löste damals eine große Unruhe unter der Bevölkerung aus, denn zu dieser Zeit waren die Kampfhandlungen ja schon beendet und wir waren nur noch Besatzungsmacht. Selbst bei uns Soldaten löste dieser Fall Empörung aus, denn wir versuchten immer, mit den Menschen gut auszukommen. Wo immer sich eine Gelegenheit bot, suchten wir Kontakt zu der Bevölkerung. Wir besorgten ihr Lebensmittel oder Benzin, was natürlich besonders knapp war. Wenn wir nicht gerade unterwegs waren, gingen wir abends in ein Lokal am Ort, wo wir fröhlich beieinandersaßen und Musik machten, sangen und den guten französischen Wein genossen. Gemeinsam marschierten wir dann in unser Schloss, wo wir auch stets die nötige Bettschwere hatten.

Doch auch die Zeit in Plachy ging schnell vorbei, und so hieß unser nächstes Ziel Vannes, im Süden der Bretagne an der Atlantikküste. Auf dem Weg dorthin mussten wir in Rouen, Le Havre, Caen, Cherbourg, Fougères, St. Malo, Rennes, Brest und Lorient überall Station machen und Mannschaften sowie Material befördern. Wir waren froh, als wir endlich in Vannes ankamen und unser Quartier beziehen konnten.

Vertrauensvolle Begegnungen am Atlantik

Vannes ist eine Stadt mit vielleicht 15 000 Einwohnern. Hier wurde unsere Kompanie in einer Schule einquartiert. Unser ganzes Regiment war in der Stadt verteilt. Obwohl wir immer etwa mit zwanzig Mann in einem Raum untergebracht waren, war die Zeit in Vannes wohl noch die schönste Zeit in meinem insgesamt sechsjährigen Kriegsdienst. Es sollte auch unser Winterquartier werden, denn erst im März wurden wir in der Nähe von Paris stationiert.

Dieses Vannes ist ein idyllisches Fischerstädtchen mit seinem Fischereihafen, dessen Bevölkerung mich einfach fasziniert hat. Ich fühlte mich gleich vom ersten Augenblick an hier heimisch. Die Stadt war kampflos den deutschen Truppen übergeben worden, und wir spürten gar nicht, dass wir uns im Feindesland befanden. Das gesamte Leben in dieser Stadt lief fast völlig normal weiter, als wenn es nie einen Krieg gegeben hätte, und wir wurden gar nicht als Besatzer angesehen. Wir hatten von Anfang an ein gutes Verhältnis zu der Bevölkerung und die Bevölkerung wohl auch zu uns. Wenn nicht gelegentlich englische Tiefflieger über der Stadt aufgekreuzt wären, hätten wir bestimmt vergessen, weswegen wir hier stationiert waren.

Unterwegs mit dem Motorrad.

Vor allen Dingen war das Klima ausgezeichnet, denn auch noch in den Januartagen hatten wir Temperaturen um die 10 Grad plus. Wir wurden auch sonst kaum eingesetzt und hatten nur den U-Boot-Hafen Lorient mit Treibstoff zu versorgen. Dieser Hafen war einfach gigantisch in seiner Größe und Beschaffenheit. Von hier aus kontrollierte der größte Teil der U-BootFlotte den gesamten Nordatlantik.

Wie überall in Frankreich gab es auch hier in Vannes kleine Fischerkneipen. In einer davon hatten auch wir, die Mannschaft von unserem Zug, unser Stammlokal. Zusammen mit den Einheimischen musizierten und sangen wir, und obwohl wir kaum Französisch und die Franzosen kaum Deutsch konnten, verstanden wir uns ausgezeichnet. So war ich noch nicht einmal sonderlich erfreut, als ich im November an die Reihe kam, in Heimaturlaub zu fahren. Es war mein erster Urlaub nach fünfzehn Monaten, und ich erledigte vorher noch ein paar Einkäufe. Dann fuhr ich mit der Bahn von Vannes über Paris, wo ich umsteigen musste, und von dort aus direkt nach Berlin.

Erster Heimaturlaub

Je näher ich meinem Berlin kam, umso mehr hatte ich Herzklopfen. In den fünfzehn Monaten, in denen ich fort war, hatte ich doch vieles gesehen und erlebt, und sicherlich hatte sich auch in Berlin und bei uns zu Hause so manches verändert. Obwohl ich mit meinem Bruder Werner in ständigem Briefwechsel stand, brauchte so ein Brief fast immer vier Wochen, bis er den Empfänger erreichte. Bisher waren von unseren vielen Freunden, die ständig zu uns kamen, erst Kurt und ich zum Kriegsdienst eingezogen worden. Auch hatte ich vorher nicht geschrieben, dass ich kommen würde, denn es sollte ja eine Überraschung werden.

Mit einer Überraschung fing mein Berlinaufenthalt auch dann gleich an, denn gerade als mein Zug im Anhalter Bahnhof in Berlin einfuhr, gab es schon einen Fliegeralarm. Unter dem Bahnhof befand sich ein riesengroßer Luftschutzbunker, von dem auch ein gepanzerter Gang zum Führerbunker in die Reichskanzlei in der Wilhelmstraße führte. Fast zwei Stunden dauerte dieser Fliegeralarm, und nach der Entwarnung war es bereits nach Mitternacht. Ich musste nun mein Gepäck in ein Schließfach stellen und zu Fuß nach Hause gehen, denn die Straßenbahnen und U-Bahnen fuhren ja nur bis Mitternacht. So war es schon ein Uhr, bis ich zu Hause ankam. Bei uns schlief schon alles und die Überraschung, aber auch die Freude waren riesengroß, als ich so plötzlich auftauchte. Es war ein freudiges Wiedersehen, denn es gab ja so viel zu erzählen.

Am nächsten Vormittag holte ich dann gleich mein Gepäck vom Bahnhof. Tatsächlich hatte sich hier in Berlin schon vieles verändert, und gerade in unserer Gegend im Bezirk Mitte waren ziemlich viele Häuser ausgebombt. So musste ich feststellen, dass es zu dieser Zeit in Berlin fast gefährlicher war als bei meiner Einheit in Frankreich, und es verging in diesen zwei Wochen kaum ein Tag, an dem kein Fliegeralarm war. Obwohl mein Stiefbruder Willy in unserem Haus Luftschutzwart war und es seine Aufgabe war, dafür zu sorgen, dass alle Personen den Luftschutzkeller bei Fliegeralarm aufsuchten, konnte er mich doch nie dazu bewegen, da hineinzugehen. Ich war einfach der Meinung, mein Schicksal sei mir bestimmt und dem könnte ich auch nicht entgehen.

In meinen ersten Urlaubstagen lernte ich ein Mädchen bei uns kennen, welches Henny und Walter Hertwig mitgebracht hatten und die somit schon zu unserem Freundeskreis gehörte.

Sie hieß Gerda, war sechzehn Jahre alt, und es war bei uns beiden tatsächlich Liebe auf den ersten Blick. Mein Bruder Werner hatte sich bisher um sie bemüht, jedoch vergeblich. Darum hatte es mir natürlich schon leidgetan, dass ich ihm dieses Mädchen sozusagen weggeschnappt hatte. Aber Gerda verstand es, ihm klarzumachen, dass sie trotzdem Freunde sein könnten. So wurde dieser Heimaturlaub doch noch zu einem der schönsten. Für mich gab es nur noch Gerda, und beim Abschied schworen wir uns ewige Treue. So trennten wir uns unter Tränen und es dauerte kaum zwanzig Stunden, bis ich wieder bei meiner Truppe in Frankreich war.

Eine Villa in Billancourt

Kaum war ich in Vannes bei meiner Truppe wieder angekommen, fühlte ich mich auch schon wieder heimisch. Es herrschte einfach eine erstklassige Kameradschaft unter uns, obwohl wir Alt und Jung beieinander waren. Der Älteste war schon beinahe vierzig Jahre, und ich war einer der Jüngsten mit erst zweiundzwanzig Jahren. So wäre unsere Besatzungszeit hier wohl ungetrübt geblieben, wenn nicht eines Tages, zwei Tage vor Weihnachten, unser Zugführer und Feldwebel von einem Tieflieger, die uns fast täglich aufsuchten, auf der Straße tödlich getroffen worden wäre. So mussten wir ihn am Heiligen Abend auf dem Friedhof von Vannes begraben, was bei uns so gar keine rechte Weihnachtsstimmung aufkommen ließ.

Unser Kompaniechef hatte die Kinder von einem Waisenhaus eingeladen, und wir hatten ein paar Geschenke besorgt und konnten ihnen somit eine kleine Freude bereiten. Wir vergaßen darüber beinahe ganz, dass wir uns in einem fremden Land befanden, im Land unseres Kriegsfeindes. So wurde dieses Weihnachtsfest schließlich doch noch für uns alle ein insgesamt schönes Erlebnis. Silvester verbrachten wir in einer kleinen gemütlichen Hafenkneipe mit einheimischen Bürgern, mit denen wir uns schon angefreundet hatten.

Die Zeit hier in Vannes verging sehr schnell und schon im Januar bekamen wir den Befehl, unseren Standort von Vannes nach Billancourt zu verlegen. Billancourt ist ein Villenvorort, etwa zwanzig Kilometer südwestlich von Paris. Also hieß es Abschied nehmen von unserem schönen Vannes in der Bretagne. So kamen wir an einem Abend im Januar in Billancourt an. Auch hier hatten wir wieder Glück mit unserem Quartier. Der Ort bestand fast nur aus Villen und schönen Einfamilienhäusern. In Billancourt wohnten meist nur Geschäftsleute, die in Paris ihr Geschäft hatten. Da sehr viele von ihnen geflohen und evakuiert waren, standen sehr viele Häuser leer, die nun von uns als Quartier belegt wurden.

Das Mobiliar war meist noch vorhanden und oft waren die Vorratskammern noch voll mit Lebensmitteldosen und Räucherwaren. So konnte auch unsere Gruppe mit zwölf Mann eine solche Villa beziehen und wir fühlten uns hier auch sehr wohl. Doch sollte sich mein Dienstablauf sehr bald ändern, wenn auch nur für eine kurze Zeit. Da unser Zugführer und Feldwebel in Vannes durch einen Tiefflieger ja ums Leben gekommen war, sollten wir wieder einen neuen Zugführer bekommen.

Ich traute meinen Augen nicht, als uns nach zwei Tagen unser neuer Zugführer, ein junger Leutnant, vorgestellt wurde. Es war ein mir bekannter Junge, der mir in Berlin in der Köpenickerstraße gerade gegenüber gewohnt hatte. Allerdings wohnte er in einem herrschaftlichen Haus und ging aufs Gymnasium. Nach dem Abitur besuchte er dann einen Offizierslehrgang und wurde von dort aus als frisch beförderter Leutnant direkt nach Frankreich zu uns nach Billancourt geschickt. Ja, die Freude war groß, als wir uns gegenüberstanden, und seine ersten Worte waren: „Du wirst mein Bursche!“ Es war beim Militär so üblich, dass jeder Offizier einen Burschen für sich beanspruchen konnte, der dann von jeglichem anderen Dienst befreit war. Obwohl ich mich vor keinem Dienst drücken wollte, so war ich doch froh, keinen Wachdienst mehr tun zu müssen. Da sein Vater in Paris als Oberst auf der Kommandantur ein hohes Amt innehatte, bekam er von unserem Kompaniechef die Genehmigung, fast jeden Tag nach Paris zu fahren. Seine Großmutter war Französin, und so hatte er eine besonders gute Beziehung zu Frankreich, ja ganz besonders zur Hauptstadt Paris. Er war vor dem Krieg schon mehrmals in Paris gewesen und kannte sich dort sehr gut aus.

Da ich nun sein Bursche und Fahrer war, hatte auch ich Gelegenheit, sehr viel von Paris kennenzulernen. Wir machten immer eine bestimmte Zeit aus, wo und wann ich ihn abholen sollte. Er traf sich dann immer, wie er sagte, mit Bekannten, und ich ging unterdessen meist ins Soldatenheim, wo alles Mögliche geboten wurde. Auch ein Soldatenkino gab es, wo deutsche Filme gezeigt wurden. So habe ich hier zwar eine schöne Zeit verlebt, doch habe ich die unmittelbare Kameradschaft sehr vermisst, denn ich war ja jetzt meist nur noch mit meinem Leutnant zusammen. Im Unterbewusstsein sehnte ich mich doch wieder nach meinen Kameraden, denn sie waren ein Stück von mir und ich ein Stück von ihnen.

Jedoch sollte sich alles sehr schnell wieder ändern. Eines Tages hatte ich mich wieder mit meinem Leutnant verabredet. Ich sollte ihn um acht Uhr abends abholen. Aber ich wartete und wartete, doch mein Leutnant kam nicht. Es war bereits nach zehn Uhr, und so verständigte ich die Kommandantur und auch meinen Kompaniechef. Jedoch sollte ich meinen

Leutnant, der ja auch mein Freund geworden war, nie mehr wiedersehen. Alle Such- und Fahndungsaktionen blieben erfolglos. Entweder war er von einer Untergrundbewegung verschleppt und umgebracht worden, oder er ist freiwillig zum Feind übergelaufen, denn er hatte Verbindungen zu vielen Franzosen und auch zu einer Frau, die ich aber nie zu Gesicht bekommen habe. Dies wird wohl ewig ein Geheimnis bleiben.

Wenn mich das Schicksal meines Leutnants und Freundes auch tief bewegte, war ich eigentlich froh, dass sich für mich nun wieder das normale Leben in unserer Kompanie einstellte und ich wieder zusammen mit meinen Kameraden Dienst tun konnte. Doch schon Anfang März hieß es Abschied nehmen von Frankreich und unser Ziel hieß Deutschland. Unser Regiment setzte sich in Marsch und in zwei Tagen erreichten wir über Verdun, Saarbrücken und Speyer den kleinen Ort Bürglein bei Nürnberg, wo wir ein paar Tage auf unseren nächsten Marschbefehl warten mussten.

Als Offiziersbursche in Paris.

An der Ostfront

Marschroute Maribor in Jugoslawien

Der Aufenthalt in Bürglein bei Nürnberg dauerte nur ein paar Tage. Das Regiment, das aus vierzehn Kompanien bestand, musste sich hier sammeln, um erneut zum Einsatz zu kommen. Unsere neue Marschroute hieß Jugoslawien. Hier sollte ein neues Kriegs- und Einsatzgebiet entstehen, und wir freuten uns, auch einmal den Balkan kennenzulernen. So war ich froh, als der Befehl zum Abmarsch kam, zumal ich ein neues Motorrad bekommen hatte, eine nagelneue 500 Kubik NSU. Am ersten Tag fuhren wir über Pilsen bis nach Prag. Die Bevölkerung der Tschechoslowakei, die ja deutsches Besatzungsgebiet war, ließ nicht gerade große Freude über unser Erscheinen aufkommen. Man konnte es deutlich spüren, dass wir hier unerwünscht waren.

Am nächsten Tag ging es gleich weiter über Brünn in Richtung Wien. Wir waren froh, als wir die österreichische Grenze erreichten und uns wieder auf deutschem Gebiet befanden. Österreich wurde ja 1938 dem Deutschen Reich angeschlossen und gehörte zu Großdeutschland, wie Adolf Hitler es immer wieder verkündete. Aber hier in Österreich spürte man, dass die Bevölkerung uns wohlgesinnt war. Es herrschte überall großer Jubel in den Ortschaften, durch die wir fuhren. So kamen wir am zweiten Tag bis Wien. Doch hatten wir keine Zeit, uns etwas von Wien anzusehen, denn am nächsten Morgen ging es schon wieder weiter bis nach Graz.

Den Empfang unserer Truppe dort werde ich nie vergessen. Überall auf den Straßen standen Menschen, die uns zujubelten und Blumen aus den Fenstern warfen. Es war einfach ein überwältigendes Gefühl für uns. Am vierten Tag sollten wir schließlich unser Ziel erreichen. Es hieß Maribor in Jugoslawien. In diesem Raum wurden die Kompanien unseres Regiments verteilt, und von hier aus brachten wir unsere Truppen in alle Teile Sloweniens und Nordkroatiens. Doch unsere Mission hier dauerte nur knapp vierzehn Tage, da bekamen wir plötzlich den Befehl, wieder zurück nach Deutschland zu fahren, zur Bereitstellung für den Russlandfeldzug.

Ohne weitere Zwischenfälle ging dieser kurze Einsatz zu Ende und nach ein paar Tagen waren wir bereits wieder in Deutschland. Unser neuer Standort hieß Frankenberg bei Chemnitz in Sachsen. Hier sollten unsere Fahrzeuge, Material und Waffen überprüft werden, um für den Russlandfeldzug einsatzbereit zu sein.

Vorbereitung für Russland

Eben erst hier in Frankenberg angekommen, und schon war die erste Enttäuschung da. Frankenberg ist eine Kleinstadt von etwa 15 000 Einwohnern, und obwohl sich Ende April schon die ersten Frühlingsboten bemerkbar machten, wollte bei mir keinerlei Frühlingsstimmung aufkommen: Mit meinem Quartier hatte ich dieses Mal ausgesprochenes Pech. Wenn ich mir vorstellte, dass ich hier vielleicht mehrere Wochen verbringen musste, so konnte ich nur hoffen, dass möglichst bald der Befehl zum Abmarsch kommen würde. Meine Quartiersleute waren zwei alte Frauen so zwischen siebzig und achtzig Jahren und ein Sohn um die fünfzig, welcher Junggeselle war. Ihn fand ich vom ersten Augenblick an äußerst unsympathisch, was wahrscheinlich auf Gegenseitigkeit beruhte. Zu allem Unglück musste ich mit ihm auch noch in einem Zimmer übernachten, aber das Schlimmste war, dass er fürchterlich schnarchte.

Die beiden alten Damen beachteten mich kaum, für die war ich scheinbar Luft. Ich konnte mir nicht vorstellen, warum sie überhaupt einen Soldaten aufgenommen hatten. So hielt ich mich meist außerhalb dieser Wohngemeinschaft auf. Wenn ich von meinen Kameraden hörte, was für schöne Quartiere die meisten hatten, konnte ich schon neidisch werden. Aber bisher hatte ich ja immer Glück gehabt mit den Quartieren, also tröstete ich mich damit. Schließlich dauerte dieser Aufenthalt hier nur drei Wochen, und ein weiterer Lichtblick war, dass jeder von uns sieben Tage Urlaub bekommen sollte, ich in der letzten Woche. Wir mussten in dieser Zeit viel Dienst verrichten, alles musste geputzt, repariert und in Ordnung gebracht werden. Jeden Morgen hatten wir drei bis vier Stunden Gelände- und Exerzierdienst, und so waren wir meist nur zum Schlafen in unseren Quartieren, was mir aber gerade recht war und meinen Quartiersleuten wahrscheinlich ebenso.

Doch die zwei Wochen gingen schnell vorbei, und es kam bald der Tag, an dem ich für eine Woche nach Berlin in Urlaub fahren durfte. Erst als ich auf dem Berliner Anhalter Bahnhof stand und endlich wieder Berliner Luft schnuppern konnte, stieg meine Stimmung. Doch auch bei mir zu Hause hatte sich so einiges verändert, denn auch mein Bruder Werner war inzwischen zum Kriegsdienst eingezogen worden. Er war bei der Flugabwehr in Bremen stationiert, und auch unser Freund Valentin, der bei uns gewohnt hatte, befand sich jetzt gerade in einer militärischen Ausbildung in Westdeutschland. Also waren alle ausgeflogen, nur mein Stiefbruder Willy mit Familie, die ja direkt neben uns wohnten, lebte noch zu Hause. Doch Langeweile sollte ich deshalb nicht bekommen, denn in diesen Tagen in Berlin hatte ich ein volles Programm. Mein erstes Wiedersehen galt natürlich meiner Freundin Gerda, und wir verlebten ein paar wirklich glückliche Tage zusammen. Ich besuchte auch Henny, die Frau von Walter Hertwig, unserem gemeinsamen Freund. Wie ich erfuhr, war auch er inzwischen zum Kriegsdienst eingezogen worden, und so freute sich Henny über meinen Besuch.

Ja, wie im Flug waren die sieben Tage Urlaub vorbei, und nun stand ich mit Gerda an einem wunderschönen Tag auf dem Anhalter Bahnhof, um von ihr Abschied zu nehmen. Es war ein Abschied mit vielen Tränen, denn wir wussten ja nicht, ob wir uns noch einmal wiedersehen würden. Ich schaute lange aus dem fahrenden Zug, bis ich ihr Winken mit dem Taschentuch in der Ferne nicht mehr sehen konnte. Doch schnell holte mich der Alltag wieder ein, und schon nach zwei Tagen hieß es Abmarsch in Richtung Osten.

Abmarsch in Richtung Osten

Nun war es also so weit. Wir ahnten es schon lange und wussten, dass ein Krieg gegen Russland unausweichlich schien. Von Sachsen fuhren wir durch Niederschlesien, das ja vor dem Krieg noch deutsches Gebiet war. Ganz Schlesien war ein großes Aufmarschgebiet unserer Truppen, und nach ein paar Tagen befanden wir uns schon in Polen. Polen war seit dem Sommer 1939 von deutschen Truppen besetzt, und es wimmelte hier geradeso von Partisanen und Widerstandskämpfern.

So kamen wir bei Lublin an einen Bauernhof, wo wir übernachten wollten. Es war ein grausames Bild, was sich uns dort bot. Eine ganze Familie mit vier Kindern lag tot vor dem Haus, und an der Tür hing ein Schild in Polnisch und Deutsch geschrieben: „Wir haben einen deutschen Soldaten erschossen." Das war mein erstes Erlebnis, das ich in Polen hatte, und ein Anblick, den ich nie mehr vergessen konnte. Obwohl es als Abschreckung dienen sollte, hatte es mich doch geschockt. Sicher hatte es von der polnischen Bevölkerung noch niemand gesehen, denn das Gehöft lag abseits von jeder Ortschaft, und es konnte erst vor wenigen Stunden geschehen sein.

Unser Kompaniechef gab uns den Befehl, die Toten zu begraben. Nicht weit davon war auch der deutsche Soldat begraben, und nur das Holzkreuz erinnerte noch daran, dass hier ein Soldat lag, der irgendwo in der Heimat von seinen Lieben vermisst wurde. Da sollte mir wieder neu bewusst werden, wie grausam doch dieser Krieg war. Auch diese Menschen hätten nicht sterben brauchen, wenn es diesen unsinnigen Krieg nicht gegeben hätte. Doch nur nicht sentimental werden, denn so etwas konnten wir uns hier nicht leisten, sonst hätten auch wir diesen Krieg nicht überleben können.

Schon am nächsten Tag ging es weiter. Wir kamen schließlich in einem riesengroßen Waldlager an, wo wir uns für längere Zeit bereithalten sollten. Hier war unser gesamtes Regiment untergebracht und alles wartete auf den Tag X, an dem der Einmarsch nach Russland geplant war. Wir waren nur wenige Kilometer von der russischen Grenze entfernt und die Zeit, die wir hier im Lager verbrachten, war voller Spannung und Erwartungen. Doch unsere Angespanntheit sollte bald ein Ende haben, denn nach nur wenigen Tagen hieß es Abmarsch nach Brest-Litowsk an der russischen Grenze.

Einmarsch bei Brest-Litowsk

Es war am Morgen des 22. Juni 1941, als an der gesamten Ostfront der Einmarsch nach Russland begann. Unsere Aufgabe bestand darin, die Mannschaften unserer Armee sowie den gesamten Nachschub an Waffen, Munition, Treibstoff und Lebensmittel zu befördern. Unser Transportregiment mit fünfzehn Kompanien war auf den ganzen Raum der Armee verteilt. So überquerten wir den Bug, den Grenzfluss zwischen Polen und Russland, bei Brest-Litowsk. Dort fanden die größten Kämpfe und der stärkste Widerstand der Russen statt.

Was sich hier abspielte, kann man nicht mehr mit Worten beschreiben, denn Brest-Litowsk mit seiner Zitadelle hatten die Russen zu einer Festung ausgebaut, die unbedingt gehalten werden sollte. Pausenlos stürzten unsere Sturzkampfflugzeuge, die Stuka, wie wir sie nannten, auf die Festung nieder, um ihre Bomben abzuwerfen und sie mit Maschinengewehren zu beschießen. Die Zitadelle sollte unbedingt sturmreif geschossen werden. So versuchten ganze Infanterieregimenter von uns, die Festung einzunehmen. Es war ein grausames Gemetzel und wir waren nur damit beschäftigt, unsere gefallenen Soldaten auf unsere Lastwagen zu verladen und sie aus der Stadt zu bringen, wo ganze Kompanien bereitstanden, sie zu begraben.

Zwei Tage lang ging das, und es müssen wohl Tausende von deutschen Soldaten gewesen sein, die hier ihre letzte Ruhe fanden. Man konnte wirklich behaupten, dass hier die Hölle los war. Es war das Schlimmste und Erschütterndste, was ich im ganzen Russlandfeldzug erlebte. Doch trotz allem Anstürmen unserer Infanterie und dem Beschuss unserer Artillerie und Stuka konnten wir diese Festung nicht einnehmen. So schloss man einen Belagerungsring um die Festung, und unsere Truppen stießen an der Zitadelle vorbei weiter in Richtung Osten. Die Belagerung der Zitadelle dauerte noch wochenlang, bis sich die Russen endlich ergaben.

Unser nächstes großes Ziel sollte die Überquerung des Flusses Beresina sein, doch das war noch ein weiter Weg. Hinter der Beresina hatten die Russen große Teile ihrer Truppen zusammengezogen, um unseren Vormarsch zu stoppen. Die nächsten größeren Kampfhandlungen waren bei der Eroberung der Stadt Bobruisk. Sie lag noch etwa zwanzig Kilometer von der Beresina entfernt und war der letzte Brückenkopf der Russen. Hier hatten sich ihre Truppen in den Fabriken der Stadt verschanzt und lieferten uns einen erbitterten Kampf. Die Kampfhandlungen dauerten mehrere Tage, und die Verluste der Soldaten waren auf beiden Seiten sehr groß. Erst als die Stadt Bobruisk in deutscher Hand war, konnte der Angriff über die Beresina erfolgen. Dieser Fluss hatte strategisch gesehen eine sehr große Bedeutung für den weiteren Vormarsch nach Minsk, Mogilew, Orscha, Gomel und Smolensk. Doch dieser Flussübergang musste überall schwer erkämpft werden und dauerte einige Zeit, da alle Brücken von den Russen gesprengt worden waren.

Übergang über den Fluss Beresina

Nach langen und schweren Kämpfen konnten unsere Pioniere und Infanteristen einen Brückenkopf jenseits der Beresina besetzen. So wurden an den strategisch wichtigen Stellen von den Pionieren Behelfsübergänge errichtet, um unseren Truppen und Fahrzeugen den Übergang zu ermöglichen. Der Vormarsch vollzog sich schon nicht mehr so schnell, denn hier musste um jeden Quadratmeter Boden gekämpft werden.

Doch in den nächsten Wochen fielen auch die Städte Minsk, Mogilew, Orscha und Gomel im Mittelabschnitt der Ostfront. In Gomel wurde unsere Kompanie stationiert. Von hier aus mussten wir ständig die kämpfende Truppe mit Munition, Treibstoff und Lebensmitteln versorgen sowie unsere verwundeten Soldaten ins Feldlazarett mit zurücknehmen. Auch Kriegsgefangene mussten wir in die neu angelegten Kriegsgefangenenlager bringen. Da bereits eine Regenzeit eingesetzt hatte und die Straßen, soweit man überhaupt noch von Straßen reden konnte, fast unbefahrbar wurden, war dies schon eine gewaltige Strapaze. Besonders für mich als Motorradfahrer, der ständig die Verbindung zwischen Kampfeinheit und Nachschub aufrechterhalten musste, war die Belastung doch sehr groß. So konnten wir froh sein, wenn es einmal Tage gab, wo wir nicht zum Einsatz kamen.

Hier in Gomel hatten wir Quartiere in Häusern bei russischen Familien, die uns zum Teil nicht einmal feindlich gesinnt waren. Ich wohnte bei einer Familie mit Großmutter, Mutter und zwei kleinen Mädchen von zwei und drei Jahren. Die Mutter war Lehrerin und konnte gebrochen Deutsch sprechen, was unsere Verständigung erheblich erleichterte. Ihr Mann war als Offizier schon ein Jahr lang Soldat im Kriegsgebiet. Gomel war die Stadt der meisten Hunde, wie ich feststellen musste, denn nachts, wenn ich Wache stand, wimmelte es gerade so von Hunden, und von allen Seiten konnte man das Gebell und Aufheulen vernehmen. Sie waren auch sehr gefährlich, weil sie hungrig waren, und so schossen wir viele von ihnen ab.

Hier in Gomel konnte ich auch meinen größten Ruhm als Schütze erringen. Wir wurden in unserem Regiment mit neuen Maschinengewehren, dem MG 42, ausgestattet. Aus diesem Grund hatte unser Regiment einen Schießstand errichtet, an dem wir alle an dem neuen Maschinengewehr ausgebildet wurden. Nach gründlicher Ausbildung wurde ein Schießwettbewerb veranstaltet, bei dem ich als bester Schütze ermittelt und ausgezeichnet wurde. Wenn ich auch keinen Preis bekommen hatte, so sollte ich doch von meinem Kompaniechef als neuer MG-Schütze bei uns eingesetzt werden. Ich musste also meinen Platz als Motorradfahrer mit dem unseres MG-Schützen wechseln, was ich gerne tat. Es waren schon Strapazen gewesen, auf diesen Straßen bei jedem Wetter zu fahren, und die Straßenverhältnisse wurden von Tag zu Tag schlechter. Jeder Kompanie waren zwei Fahrzeuge mit Maschinengewehr und MG-Schütze als Begleitschutz zugeteilt, eins vorne und eins hinten.

Unser Fahrzeug mit MG.

In meinem Quartier fühlte ich mich schon fast heimisch und die Kinder hatten sich inzwischen mit mir angefreundet. Jedes Mal, wenn ich von einem Einsatz zurückkam, brachte ich ihnen Schokolade mit, die ich bei meinen Kameraden gegen

Zigaretten eingetauscht hatte. Auch brachte ich für die ganze Familie immer etwas Essbares mit, denn ihre Lebensmittel waren schon sehr knapp. So war ich einfach schockiert, als ich eines Tages vom Einsatz zurückkam und die beiden Frauen völlig verstört antraf. Sie erzählten mir, dass ihr zweijähriges Mädchen vor ihrem Haus in ein deutsches Militärauto gelaufen und überrollt wurde und sofort tot gewesen war. Es war einfach schrecklich, und ich fühlte mich miserabel und mitschuldig und konnte nicht einmal Trost zusprechen. Wie sollte ich mich diesen Leuten gegenüber jetzt verhalten?

Doch schon am nächsten Morgen musste ich wieder zum Einsatz. Wir sollten Treibstoff und Munition für eine unserer Frontdivisionen im Raum Orscha bringen und gefangene russische Soldaten mit zurücknehmen. Plötzlich bekam ich wahnsinnige Bauchschmerzen, sodass ich fast ohnmächtig wurde. Es war das erste Mal seit 1939, dass ich krank wurde. Mein Kompaniechef fuhr mich sofort mit seinem Pkw in das nächste Feldlazarett in Minsk. Dort wurde ich gleich gründlich untersucht und die Diagnose hieß Ruhr. So musste ich mich auf einen längeren Aufenthalt im Lazarett einstellen, andererseits war ich aber auch ein wenig froh, dass ich jetzt nicht mehr zu meinen Quartiersleuten nach Gomel zurückbrauchte.

Im Feldlazarett in Minsk

Das Feldlazarett, in dem ich untergebracht war, war keineswegs ein primitives Lazarett nur für Erste Hilfe, sondern war in der Universitätsklinik von Minsk untergebracht, mit teilweise russischen Ärzten und Schwestern. Doch zumindest in den ersten vierzehn Tagen habe ich davon so gut wie nichts mitbekommen, es ging mir einfach zu schlecht und ich wollte nur meine

Ruhe haben und sterben. Essen konnte ich sowieso nichts, und die Schleimsuppen, die ich bekam, kamen gleich wieder raus.

So verbrachte ich die meiste Zeit auf der Toilette, ja ich traute mich fast gar nicht mehr, mich ins Bett zu legen, denn so schnell wie ich musste, konnte ich die Toilette gar nicht erreichen. Auf der Station gab es nur an Ruhr erkrankte Soldaten und es waren lebende Leichname, die dort umherwandelten. Auch ich hatte fast zwanzig Pfund abgenommen und bin gerade noch so dahergeschwebt. Erst in der dritten Woche ging es mit mir langsam aufwärts, und der Appetit stellte sich allmählich wieder ein. Ab dieser Zeit wurde das Leben hier wieder erträglich und ich konnte erst jetzt das ganze Ausmaß dieses Elends auf dieser Station wahrnehmen.

Es gab hier mehrere Rotkreuzschwestern und eine russische Krankenschwester, die hieß Maria. Schwester Maria wurde von allen Soldaten nur der Engel von Minsk genannt. Sie strahlte so viel Liebe und Güte aus, und überall, wo sie auftauchte, gab es strahlende Gesichter. In aufopfernder Weise verrichtete sie ihren Pflegedienst, und für jeden von uns hatte sie ein Lächeln und ein paar tröstende Worte übrig. Wenn wir ihre Worte auch nicht verstanden, so spürten wir doch, dass sie von Herzen kamen. Unsere deutschen Schwestern waren nur noch Statisten, wenn Schwester Maria Dienst hatte, und ich glaube, dass diese das auch merkten und es uns anschließend leider spüren ließen.

So ging es auch ziemlich schnell wieder aufwärts mit mir, und in der dritten Woche bekam ich bereits Ausgang. Ich durfte mir die Stadt ansehen und Veranstaltungen besuchen, doch das durften wir nur in kleinen Gruppen. Ich war in dieser Zeit zweimal im Schauspielhaus, wo ich mir die Oper Carmen sowie auch ein russisches Theaterstück angesehen habe. Für unsere Krankheit sind wir hier reichlich entschädigt worden und ich hätte es schon noch eine Weile ausgehalten. Aber nach der vierten Woche ging auch mein Lazarettaufenthalt hier in Minsk zu Ende. Es wurde jede Woche ein Transport mit genesenen Soldaten zusammengestellt und direkt wieder an die Front geschickt. Die meisten kamen nicht mehr zu ihrer Einheit, denn an der Front wurden die kämpfenden Truppen nach Bedarf wieder mit diesen Soldaten aufgefüllt. Also musste ich mir schon etwas einfallen lassen, um wieder zu meiner Einheit zurückzukommen. Dies sollte mir allerdings erst über Umwege gelingen.

An vorderster Front

Wir waren etwa fünfzig Mann, die auf einen großen Lastkraftwagen verladen und in Richtung Osten zur Front gebracht wurden. Die Frontlinie hatte sich inzwischen um etwa fünfundzwanzig Kilometer nach Osten vorgeschoben. Die Stadt Smolensk, die das Bollwerk in Richtung Moskau sein sollte, war von unseren Truppen nach schweren Kämpfen eingenommen worden. Jetzt gab es gerade schwere Kämpfe um die Städte Wjasma und Brjansk, die von den russischen Truppen unbedingt gehalten werden sollten. So rollte der Lkw mit uns direkt zur Front bei Wjasma. Etwa fünf Kilometer vor der Frontlinie lag der Regimentsstab eines Infanterieregiments, wo wir ausgeladen wurden und uns melden mussten.

Unterwegs hatte ich vergeblich nach einer Möglichkeit gesucht, mich abzusetzen, aber der Leutnant, der uns geholt hatte, ließ uns nicht aus den Augen. So wurden wir hier mit den wichtigsten Dingen wie Waschzeug, Zeltbahn, Decke, Tornister, Waffen und Munition versorgt und auf die einzelnen Kompanien an der Frontlinie aufgeteilt. Hier spielten sich erbitterte Kämpfe ab und wir kamen nur sehr langsam vorwärts. Jeden Tag hatten wir schwere Verluste und viele Verwundete zu verkraften.

Nach der Einnahme von Smolensk.

Wie durch ein Wunder konnte ich dies alles schadlos überstehen und ich bin im Nachhinein überzeugt davon, dass Gott dabei seine Hand im Spiel hatte und mir einen Schutzengel zur Seite stellte, obwohl ich einen solchen doch gar nicht verdient hatte. Wenn ich auch jeden Abend still für mich gebetet hatte, so war ich doch kein Gotteskind.

Gefangene russische Soldaten auf dem Weg ins Gefangenenlager.

Bereits drei Wochen war ich hier an vorderster Front eingesetzt, als eines Tages unser Verpflegungsfahrer, ein Motorradfahrer mit Beiwagen, der uns täglich von der Regimentsküche das Essen an die Front brachte, bei der Essensausgabe von einem Granatsplitter der Stalinorgel schwer verwundet wurde. Da ich der Einzige war, der einen Motorradführerschein hatte, musste ich ihn zum Regiment zurückfahren. Doch als ich dort ankam, wollte ich meinen Augen nicht trauen: Da stand mein früherer Kompaniechef mit einem Teil unserer Fahrzeuge, die gerade entladen wurden. Meine Freude war einfach überwältigend. Mein Kompaniechef nahm mich in die Arme und seine ersten Worte waren, dass er mich hier herausholen würde, denn schließlich gehörte ich doch zu seiner Kompanie. Er sprach mit dem Oberst und meinte, dass ich unbedingt bei ihm als MG-Schütze gebraucht würde, und so durfte ich wieder zu unserer alten Kompanie zurück. Die Freude war auch bei meinen Kameraden groß, denn alle hatten mich schon abgeschrieben, und auch ich hatte ja nur wenig Hoffnung gehabt, sie noch einmal wiederzusehen.

Im Nachhinein möchte ich auch diese Rückkehr eine klare Führung Gottes nennen, denn wenn ich bei der Infanterieeinheit an vorderster Front geblieben wäre, hätte auch ich bestimmt über kurz oder lang den „Heldentod" erlitten oder wäre verwundet worden. Unsere Einheit lag jetzt in Smolensk in einem Massenquartier in der Turnhalle einer Schule. Es war inzwischen schon ziemlich kalt geworden und der Winter hatte Einzug gehalten. Obwohl es erst Anfang Dezember war, hatten wir bereits Temperaturen um zehn Grad unter null, und so wie es aussah, stand uns ein eisiger Winter bevor. Wir waren fast ständig unterwegs, um die ganze Front im Mittelabschnitt zu versorgen. Zum Teil konnten wir auch Winterbekleidung, die in der Heimat gesammelt und an die Ostfront geschickt worden war, an die vorderste Front bringen.

So näherte sich auch langsam das Weihnachtsfest. Ich musste einen riesigen Adventskranz binden und schmücken und auch ein Klavier wurde besorgt. Rechtzeitig vor dem Fest traf noch die Feldpost mit Briefen und Päckchen aus der Heimat ein, und jeder von uns versuchte, von dem, was er so hatte, seinen besten Kameraden ein kleines Weihnachtsgeschenk zu richten. Schließlich wurde diese erste Kriegsweihnacht in Russland hier bei uns in Smolensk trotzdem noch ein Fest der Freude und Besinnung. Unser Kompaniechef spielte auf dem Klavier Weihnachtslieder und wir sangen dazu. Den älteren Kameraden, die Familie und Kinder hatten, sah man an, dass sie mit ihren Gedanken zu Hause waren.

Unsere Fahrzeugkolonne;
im Vordergrund verwundeter russischer Soldat.

Am ersten und zweiten Feiertag bekam jeder von uns eine Weihnachtsgans zu essen, was uns aber gar nicht gut bekam, denn wir kamen von der Toilette nicht mehr herunter. Doch schon gleich nach Weihnachten bekamen wir den Befehl, unseren Standort von Smolensk nach Orel, etwa zweihundertfünfzig Kilometer südöstlich, zu verlegen. Die Städte Wjasma, Kaluga und Orel waren inzwischen fest in deutscher Hand, um Tula wurde noch schwer gekämpft. Wir brauchten mehrere Tage, bis wir in Orel ankamen. Unsere Fahrzeuge wollten auch nicht mehr so recht mitmachen, denn die aufgeweichten Straßen im Spätjahr und jetzt die vereisten Straßen hatten ihren Teil dazu beigetragen. Die Oka, die durch Orel floss, hatte eine meterdicke Eisschicht, und da die Brücken gesprengt waren, konnten wir mit unseren Fahrzeugen bedenkenlos hinüberfahren. Wie uns die Leute hier sagten, war es der kälteste Winter seit Menschengedenken, und die Temperaturen sanken bis zum Februar unter fünfzig Grad Minus.

Im zerstörten Orel.

In Orel waren wir auch in einer Schule untergebracht. Doch die ganze Front war inzwischen zum Stillstand gekommen und alles hatte sich in Winterstellung verschanzt. Umso überraschender kam eines Tages Mitte Januar die Nachricht, dass sich unser Regiment in Richtung Heimat in Marsch setzen sollte. Die Fahrzeuge müssten, da es alles Mercedesfabrikate waren, in Deutschland im Raum Karlsruhe generalüberholt werden. Wir alle waren froh, aus dieser Eiswüste hier in Russland herauszukommen. Unser Marschziel hieß zunächst Warschau in Polen, und von dort sollten wir verladen und mit der Bahn nach Karlsruhe gebracht werden.

Rückmarsch aus der Eiswüste im Januar 1942

Frohen Muts machten wir uns also auf den Weg in Richtung Heimat. Selbst die große Kälte konnte unsere Stimmung nicht verderben. Wenn wir auch nur langsam vorankamen, so näherten wir uns doch mit jedem Kilometer unserer Heimat. Die Marschroute führte uns über Kursk in Richtung Gomel. Die Kälte bereitete uns Schwierigkeiten, unsere Motoren mussten die ganze Nacht über laufen, sonst hätte man sie am nächsten Morgen nicht mehr starten können. Wegen der Kälte mussten wir uns jede Stunde beim Wachdienst ablösen.

Zum Schlafen kamen wir nur sehr wenig, denn die Fahrer waren vom Wachdienst befreit, und so konnten nur wir MG-Schützen sowie die Beifahrer zum Wachdienst herangezogen werden. Gerade aber nachts war hier besondere Vorsicht geboten, denn überall wurden Sabotageakte an Fahrzeugen und Material verübt. Auch wurden immer wieder Partisanen gefasst, die deutsche Soldaten aus dem Hinterhalt erschossen hatten. Hier in Kursk hatte man gerade einen solchen Partisanen an einem Mast aufgehängt und ein Schild angebracht, auf dem in Russisch geschrieben stand: „Ich habe einen deutschen Soldaten aus dem Hinterhalt erschossen." Das sollte bei der Bevölkerung und natürlich auch bei den Partisanen als Abschreckung dienen. Ich glaube aber, dass es den Hass bei der Bevölkerung eher geschürt hat, was man an den Gesichtern der Leute deutlich erkennen konnte.

Ein an einem Mast aufgehängter Partisan in Kursk.

Am dritten Tag kamen wir bis nach Gomel, wo wir im Sommer schon einmal ein paar Wochen lang gewesen waren. Ich musste an meine Quartiersleute denken, deren Kind unter ein deutsches Militärfahrzeug gekommen war. Wie mochten sie wohl mit dem Tod ihres Kindes fertiggeworden sein? Am nächsten Tag kamen wir bis Pinsk, dann über Brest-Litowsk nach Warschau. In Brest-Litowsk, wo im Juni noch die Hölle los war, konnte man nichts mehr davon erkennen, dass hier Tausende von deutschen und russischen Soldaten ihr Leben lassen mussten.

Warschau im Januar 1942.

Nach sechs Tagen Fahrt hatten wir endlich unser Ziel Warschau erreicht. Auch hier im polnischen Besatzungsgebiet waren sehr viele Soldaten stationiert. Wir mussten noch zwei Tage warten, bis genügend Güterwagen zusammengestellt waren. Am ersten Tag kam ein Transport mit Juden aus Deutschland hier an, die wir in das jüdische Ghetto fahren mussten. Es können mehrere Hundert Menschen gewesen sein. Sie waren eine lange Zeit unterwegs und waren völlig erschöpft und durchgefroren und halb verhungert. Wir mussten sie alle in unsere Fahrzeuge verladen, und ausgerechnet ich bin hier einem Mann begegnet, den ich von Berlin her kannte. Es war der Schneider, bei dem ich mir 1938 einen Anzug hatte machen lassen, und den ich schon längst tot glaubte. Am Tag der Reichskristallnacht hatte ich mit ansehen müssen, wie sie ihn aus dem Haus in ein Auto der SA zerrten. Diesen schrecklichen Anblick hatte ich nie mehr vergessen können und jetzt stand ich ihm als Soldat hier in Warschau gegenüber. Ja, ich schämte mich, diesem Mann wieder begegnen zu müssen.

Trotzdem blickte er mich freundlich, aber doch Hilfe suchend an. So holte ich alles, was ich an Essbarem finden konnte, sowie eine Wolldecke aus meinem Wagen und brachte es ihm. Er fiel mir dankbar um den Hals und ich glaube, dass er mir verziehen hatte, dass ich ihm damals nicht hatte helfen können. Wahrscheinlich hat er nur noch ein paar Monate im Warschauer Ghetto überleben können, denn er war ein alter und gebrochener Mann. Ich konnte ihm beim Abschied nicht einmal mehr die Hand reichen, denn die SS-Schutztruppe ließ mich nicht mehr zu ihm.

Am nächsten Tag war es dann so weit: Wir konnten alle Fahrzeuge verladen und es hieß Abfahrt in Richtung Heimat.

Urlaub im Februar 1942

Erst als ich im Zug saß und dieser sich in Bewegung setzte, wusste ich, dass jetzt nichts mehr schiefgehen konnte. Mit diesem Gefühl ging es der Heimat entgegen. Doch das Schönste war, dass wir durch Berlin fahren sollten und wir fünf Berliner in unserer Kompanie gleich in Berlin aussteigen dürften und Urlaub bekommen würden. Nach fast zwanzigstündiger Fahrt hatten wir endlich Berlin erreicht und ich konnte es kaum glauben, dass ich mein Berlin wiedersehen durfte. Die Gewissheit, nun vierzehn schöne Tage verleben zu können, machte mich einfach glücklich. Die Überraschung war auch dieses Mal wieder riesengroß, denn auch mein Bruder Werner und mein Freund Walter hatten gerade Urlaub. So konnten wir ein paar schöne Tage miteinander verbringen. Doch meine gute Stimmung wurde bald gedämpft, als ich erfuhr, dass drei gute Freunde, die immer zu uns gekommen waren, in der Zwischenzeit in Russland gefallen waren. Bevor wir 1939 eingezogen worden waren, hatten wir uns noch einmal getroffen und unseren Abschied gefeiert. Wir hatten noch miteinander gescherzt und ausgemacht, dass wir nach dem Krieg unser Wiedersehen im Hotel Adlon feiern wollten. Doch damals ahnten wir noch nicht, dass es kein Hotel Adlon mehr geben würde und bis Kriegsende fünf von unseren Freunden nicht mehr zurückkehren würden.

So war meine Stimmung also schon ziemlich bedrückt, als ich meine Freundin Gerda aufsuchte. Ich hatte mir unser Wiedersehen doch so ganz anders vorgestellt. Freudig wollte ich sie in die Arme nehmen und ihr so viel Liebes sagen. Doch ich musste immer wieder an das schreckliche und sinnlose Sterben meiner Freunde denken, die mir so nahestanden. Nur ganz langsam konnte ich all dies verdrängen und wieder ein bisschen fröhlich sein. So hatten wir in den nächsten Tagen noch Gelegenheit, uns wieder näherzukommen. Wir besuchten den Wintergarten und die Scala. Beides waren vor dem Krieg die besten Varietés in Berlin. Später, kurz vor Kriegsende, wurden auch sie von den Bomben völlig zerstört.

Wir waren auch gemeinsam im Kino und Tanzcafé und kosteten diese Urlaubstage voll aus. Doch ganz ohne Hindernisse waren auch diese Tage nicht, denn in keinem Heimaturlaub habe ich so viele Fliegerangriffe miterlebt wie bei diesem. Es verging kaum ein Tag oder eine Nacht, wo es keinen Luftalarm gab. Doch auch dieses Mal sind mein Bruder Werner und ich, auch wenn jemand bei uns war, nie in den Luftschutzkeller gegangen. Nur wenn wir gerade unterwegs waren, konnten wir nicht ausweichen. Ja, selbst in unserer unmittelbaren Nähe lagen schon viele Häuser in Schutt und Asche, und unsere Köpenicker Straße war doch ziemlich vom Krieg gezeichnet.

So ging auch dieser Heimaturlaub viel zu schnell wieder zu Ende. Mein Bruder Werner musste schon ein paar Tage früher wieder bei seiner Einheit in Bremen sein, und auch für mich hieß es wieder Abschied nehmen. Es gab natürlich Tränen und Gerda konnte sich gar nicht trennen, als hätte sie gespürt, dass es eine Trennung für immer sein würde.

Begegnung fürs Leben

Denkwürdige Tage in Karlsruhe

Doch schon im Zug nach Karlsruhe war ich wieder in Gedanken bei meiner Einheit. In gewisser Hinsicht fühlte ich mich ihr auch sehr verbunden, denn sie war sozusagen meine zweite Heimat geworden. Gerade weil ich keine Eltern mehr hatte, suchte ich hier Geborgenheit. Das ganze Umfeld und die Kameradschaft in unserer Kompanie stimmten. Auch unser Kompaniechef war so eine richtige väterliche Respektsperson. Zu ihm konnte jeder kommen, wenn er Probleme hatte oder einen Rat brauchte. Er zeigte für alles Verständnis und fand immer die rechten Worte. Er war ja auch Lehrer von Beruf, und zu mir sagte er, ich wäre der Anwalt der Mannschaft. Wenn irgendeine Meldung zu schreiben war, ob Verlust- oder Beschwerdemeldung, alle kamen zu mir, und ich hatte fast zu jedem ein gutes Verhältnis.

So hatte ich mich auch gleich wieder gut bei meiner Kompanie in Karlsruhe eingelebt. Karlsruhe war für mich eine fremde Stadt und wir waren hier in einer Kaserne in der Moltkestraße untergebracht. Die Fahrzeuge unseres Regiments waren zum größten Teil zum Mercedeswerk nach Gaggenau gekommen. Nur ein Teil der Fahrzeuge unserer Kompanie wurde in einer Karlsruher Autofirma überholt. Zusammen mit ein paar Kameraden bestand mein Dienst in Karlsruhe darin, die Fahrzeuge, die wieder neu gespritzt wurden, zu beschriften. Jedes Fahrzeug musste mit einer Nummer und dem taktischen Zeichen unseres Regiments versehen werden. Alle anderen mussten Waffen reinigen und Exerzierdienst verrichten. Wir hatten auf jeden Fall das bessere Los erwischt, denn ab vier Uhr am Nachmittag hatten wir schon dienstfrei.

Beim Beschriften eines Fahrzeugs in Karlsruhe.

Doch schon nach kurzer Zeit bekam ich die schreckliche Nachricht, dass meine Freundin Gerda ganz plötzlich an Diphtherie gestorben war. Ich konnte es erst gar nicht fassen, denn ein paar Tage zuvor hatte sie mir noch einen Brief geschrieben, worin sie nichts von einer Krankheit erwähnte. Umso überraschender und schmerzlicher kam für mich diese schreckliche Nachricht. Mehrere Tage war ich gar nicht ansprechbar, und ich konnte es einfach nicht begreifen, wie so etwas geschehen konnte. Da ich keinen Kurzurlaub bekam, beauftragte ich ihre Schwester in Berlin, für mich einen Kranz zu kaufen und ihn für mich aufs Grab zu legen. So vergingen meinerseits die nächsten Tage ohne jegliche Teilnahme am Geschehen rings um mich herum. Erst nach einer gewissen Zeit konnte ich wieder zu mir selbst finden und mich wieder meinen Kameraden anschließen.

Wir gingen ein paarmal ins Kino und in ein Café. Und so

geschah es dann auch, dass ich eine neue Bekanntschaft machte. Ja, es war nicht nur eine Bekanntschaft, sondern es sollte meine Bekanntschaft fürs ganze Leben werden. Doch all das wusste ich damals natürlich noch nicht. So saßen wir eines Abends im Café Museum in Karlsruhe. Wir waren drei Kameraden, darunter auch mein Freund Reinhold, ein Grafiker und Kunstmaler. Plötzlich kamen drei hübsche Mädchen in das Café, um für das Winterhilfswerk der deutschen Wehrmacht zu sammeln. Zum Schluss kamen sie auch an unseren Tisch. Es bedurfte keines langen Überlegens, um sie einzuladen, an unserem Tisch Platz zu nehmen, denn sie gefielen uns alle drei sofort gut. Wir verstanden uns auch gleich ausgezeichnet, und so kam schnell eine gute Atmosphäre zustande. Es ergab sich fast von selbst, dass eins von den drei Mädchen, sie hieß Erna, mir zugetan war. So sollte dieser Tag für meinen Freund Reinhold mit seiner Friedel und für mich mit meiner Erna zu einem besonderen Schicksalstag werden.

Wir trafen uns noch mehrere Male und verlebten hier in Karlsruhe gemeinsam viele schöne Stunden. Bis Mitternacht mussten wir jeweils wieder in unserer Kaserne sein, und einmal standen Erna und ich Viertel nach elf Uhr noch an der Straßenbahnhaltestelle am Bahnhof Durlach, im guten Glauben, die Straßenbahn müsste jeden Moment kommen. Doch sie kam nicht mehr, denn die letzte war um elf Uhr abgefahren. So blieb mir nichts anderes übrig, als den Weg zu Fuß zurückzulegen. Aber die Liebe zu meiner Erna hatte mir wohl überirdische Kräfte verliehen, und ich konnte gerade noch mit dem Glockenschlag zwölf Uhr den Wachposten am Kasernentor passieren.

Aber auch diese schönen Tage hier in Karlsruhe gingen bald zu Ende, und es war in den letzten Märztagen, als wir die Kaserne räumen mussten und von Karlsruhe nach Lahr in der Rheinebene verlegt wurden.

Schicksalsbekanntschaft mit Erna in Karlsruhe.

Exerzieren in Lahr

Auch in Lahr bezogen wir wieder eine Kaserne, doch ein Ersatz für Karlsruhe konnte es nie sein. Ja, ich hatte plötzlich Heimweh nach Erna, die ich doch erst so kurze Zeit kannte. Sie ging mir nicht mehr aus dem Sinn, ihre so liebe Art und ihre Zurückhaltung. Man musste sie einfach gernhaben. Und ich war jetzt in Lahr, einem kleinen schönen Städtchen, aber eben doch ohne Erna. Wir mussten hier in der Kaserne viel exerzieren und schießen und wurden auch noch an neuen Waffen ausgebildet. So blieb uns recht wenig Zeit für einen Besuch im Städtchen. Doch eine Begebenheit ist mir in Erinnerung geblieben. Mein Freund Reinhold und ich lernten ein Ehepaar kennen und im Laufe des Gesprächs kam die Rede auf seinen Beruf als Kunstmaler und dass er schon viele Ölbilder gemalt habe. So baten uns die Leute, sie doch einmal zu besuchen, und bei dieser Gelegenheit sollte mein Freund Reinhold dann ein Ölbild malen.

Sie besorgten sich einen mit Leinen bespannten Rahmen,

den sie mit Firnis bestreichen sollten, und natürlich auch Ölfarben. Wie ausgemacht erschienen wir eines Tages zum Mittagessen. Wir hatten uns Kartoffelsalat und heiße Würstchen gewünscht, weil wir das schon lange nicht mehr gegessen hatten. Scheinbar hatte man es uns angesehen, dass wir einen guten Appetit mitbringen würden, denn vor uns stand eine Riesenschüssel mit Kartoffelsalat und zwölf heißen Würstchen, für jeden sechs. Diese Portion hätte den Leuten sicherlich die ganze Woche gereicht, doch die Augen der Frau wurden immer größer, als wir alle Würstchen und den gesamten Kartoffelsalat aufaßen. Das hatte sie uns sicherlich doch nicht zugetraut. Aber es schmeckte einfach fantastisch und wir wussten, dass wir so etwas auch nicht so schnell wieder zu essen bekommen würden.

Doch nun ging es an die Arbeit. Ich hatte es fast nicht glauben wollen, dass mein Freund Reinhold in nicht einmal vier Stunden ein so tolles Ölbild malen konnte. Es war eine Vase mit Frühlingsblumen. Ja, es war ein richtiges Meisterwerk, und ich konnte dies schon ein wenig beurteilen. So hatte er an diesem Tag für uns ein reichhaltiges Essen und auch noch 50 Mark verdient. Die Leute waren sehr dankbar, doch zum Essen haben sie uns nicht mehr eingeladen.

Aber es gab für uns schon bald eine viel schönere Überraschung. Eines Sonntagmorgens standen die drei Mädchen aus Karlsruhe plötzlich vor unserer Kaserne. Es hätte für mich tatsächlich keine größere und schönere Überraschung geben können, denn ich war ja so froh, meine geliebte Erna wiederzusehen. Ich spürte immer mehr, dass meine Erna für mich nicht nur eine vorübergehende Bekanntschaft bleiben würde und ich sie nicht einfach vergessen konnte. Doch für die Zukunft wollten wir uns noch keine Pläne machen, und so verabschiedeten wir uns freundschaftlich und versprachen, uns zu schreiben. Kurze Zeit darauf war auch unser Aufenthalt hier in Lahr zu Ende, und es war nun wieder so weit und ging wieder ab nach Russland, dieses Mal in den Südabschnitt.

Auf dem Weg nach Stalingrad

Ende März mussten wir unsere ganzen Fahrzeuge in Gaggenau auf Güterwagen verladen. Von hier aus fuhren wir mit der Bahn über Stuttgart, Nürnberg, Prag, Krakau bis nach Lemberg an der polnisch-russischen Grenze. Es dauerte schon ein paar Tage, bis wir dort ankamen, bis wir ausgeladen und uns gesammelt hatten. Wir wurden hier der Armee von Generaloberst Guderian in der Heeresgruppe Süd unterstellt. Es war jetzt bereits Ende April und der Schrecken des Winters war gewichen. Überall, auch hier in Russland, hatte der Frühling Einzug gehalten, und es war keinerlei Resignation zu verspüren, denn die ersten Sonnenstrahlen hatten wieder neue Kräfte freigesetzt. Gerade die Ukraine hier, die ja immer die Kornkammer von Russland war, zog mich landschaftlich besonders an. Die großen landwirtschaftlich genutzten Flächen ließen darauf schließen, dass es ein fruchtbares Land sein musste.

Im Gegensatz zum mittleren Abschnitt bei unserem Russlandfeldzug im letzten Jahr war das Land hier auch viel dichter besiedelt. Dort konnte man oft fünfzig oder mehr Kilometer fahren, bis man in eine Ortschaft kam. Auch waren hier die Straßen wesentlich besser zu befahren. So ging unsere Fahrt zunächst durch die westliche Ukraine über Schitomir bis Kiew. Hier wurde unser Regimentsstab stationiert. In Schitomir nahmen wir ukrainische Kriegsgefangene, die sich freiwillig als Hilfswillige, sogenannte Hiwi, zur deutschen Wehrmacht gemeldet hatten, mit nach vorn. Nach einer kurzen Ausbildung wurden sie den deutschen Truppen zugeteilt, wo sie dann meistens Hilfsdienste verrichten mussten. Wir selbst hatten keinen festen Standort und mussten unsere Truppen im gesamten Gebiet östlich von Charkow bis hinunter nach Rostow ständig mit Treibstoff, Munition und Lebensmitteln versorgen. In dieser ganzen Zeit kamen wir nicht aus den Kleidern, denn wir schliefen nachts in unseren Fahrzeugen.

Behelfsbrücke über den Don bei Rostow.

Obwohl es im Sommer eine gute Ernte gegeben hatte, waren die Menschen in den Städten doch sehr arm und hatten kaum genug zu essen. Auf den Kolchosen, den staatlichen landwirtschaftlichen Genossenschaften, waren die Lagerhäuser gefüllt, und davor lagen ganze Berge von Getreide. So füllten wir dort immer ganze Säcke voll mit Getreidekörnern, und wenn wir wieder in eine Stadt kamen, verteilten wir sie unter der Bevölkerung. Natürlich durften wir dies nicht öffentlich tun, denn es war uns von der Truppenleitung verboten worden. Doch unser Kompaniechef schaute stets weg und sagte immer, er habe nichts gesehen. Bald hatten wir herausgefunden, wo sich die wirklich armen Leute befanden, und konnten somit tatsächlich auch etwas Gutes tun. Die Menschen waren stets sehr dankbar, ganz besonders natürlich die Kinder.

Die Front, die im Winter ja zum Stillstand gekommen war, musste nun auch meist überall zurückgenommen werden. An der gesamten Front hatten wir große Verluste zu verzeichnen, und wir mussten viele Verwundete mit zurücknehmen. Es schien ein aussichtsloser Kampf zu sein, und zum ersten Mal wurde uns klar, dass dieser Krieg nicht mehr gewonnen werden konnte. Auch die Kämpfe um Stalingrad wurden immer heftiger und aussichtsloser und als es den Russen gelang, den Ring um Stalingrad zu schließen, schien sich für uns die Katastrophe abzuzeichnen. Dazu kam jetzt auch wieder, dass der Winter vor der Tür stand. Die Kälte setzte schon im November ein und die Russen waren eben doch besser auf dieses Klima eingestellt. Mussten wir uns im letzten Jahr in Winterstellungen verschanzen, so wurden wir jetzt Meter um Meter zurückgedrängt.

Abgeschossene Fahrzeuge bei Rostow.

Wir hatten unser Quartier jetzt in Rostow am Don. Diese Stadt wurde später von den Russen mehrmals genommen und von unseren Truppen immer wieder zurückerobert. Sie war daher auch fast total zerstört. Wir verlebten hier Weihnachten und Neujahr. Doch dieses Mal ging es nicht so feierlich zu wie im letzten Jahr in Smolensk, denn wir waren fast täglich im Einsatz. Auch über Weihnachten und Neujahr waren unsere Fahrzeuge unterwegs, um unsere Truppen an der Front mit dem Nötigsten zu versorgen und Verwundete zurückzubringen. Wenn ich nicht von Zeit zu Zeit aus der Heimat Post bekommen hätte, wäre es sicherlich noch trostloser gewesen. Besonders meine Beziehung zu meiner Erna aus Karlsruhe hatte sich durch unseren Briefwechsel sehr vertieft und ich wollte sie unbedingt wiedersehen.

Der Rückzug beginnt

Es war inzwischen Februar geworden, als wir einen neuen Befehl bekamen. Da sich auch die Kämpfe im Kaukasus immer stärker ausdehnten und unsere Truppen auch hier den Rückzug antreten mussten, wurden wir von Rostow nach Maikop in den Kaukasus verlegt. Hier befanden sich riesige Ölfelder, die von unseren Truppen unbedingt gehalten werden sollten. Wir kamen bis südlich von Georgijewsk und bis zum Fuße des Elbrus, dem höchsten Berg im Kaukasus. So erlebte ich hier den Frühling 1943 in einer sagenhaft schönen Landschaft. Wenn nicht dieser schreckliche Krieg gewesen wäre, hätte man denken können, man sei im Paradies. Es war ein sehr fruchtbares Land und es gab alles, was man sich nur denken konnte. Die Menschen waren sehr zugänglich und uns nicht einmal feindlich gesinnt.

Auch hier waren unsere Truppen in der ganzen Region auf dem Rückzug. Als wir wieder bis nach Rostow zurückmussten, waren schon heftige Kämpfe im Gange, und wir mussten uns bis nach Taganrog zurückziehen, um von hier aus unsere Truppen an der Front versorgen zu können. Doch fast alle paar Tage mussten wir unseren Standort wechseln, denn die Front war nirgends mehr zu halten. In Saporoshje westlich von Stalino (heute: Donezk; W.S.), wo das größte Stauwerk der Ukraine stand, wurde viele Tage schwer gekämpft. Auch bei Tscherkassy, Krementschug und Dnjepropetrowsk waren heftigste Kämpfe im Gange. Unsere Truppen sollten unbedingt den Vormarsch der Russen über den Dnjepr stoppen. Doch dem pausenlosen Anrennen russischer Kampfeinheiten mit modernster Waffentechnik konnten wir nicht lange standhalten, und so wurde auch der Dnjepr an mehreren Stellen von den Russen überschritten.

In Dnjepropetrowsk waren wir mehrere Tage und konnten uns sogar den Luxus leisten zu baden. Es gab hier ein wunderschönes Hallenbad. Seit Monaten bot sich uns wieder einmal die Möglichkeit, uns von Kopf bis Fuß so richtig zu säubern. Der letzte Standort für mich war Kirowograd, etwa zweihundert Kilometer westlich von Dnjepropetrowsk. Hier waren wir Tag und Nacht im Einsatz, um unsere Truppen mit dem zu versorgen, was sie gerade brauchten. In dieser Zeit erreichte uns der Regimentsbefehl, dass alle Männer ab dem Jahrgang 1917 und jünger sofort nach Deutschland zurückgeschickt werden sollten, denn es war beabsichtigt, eine neue Kampfeinheit aufzustellen. So gerne ich auch bei meiner Kompanie geblieben wäre, sollte es für mich doch ein Glücksfall sein, denn wie ich später von Kameraden erfuhr, sind sehr viele von ihnen noch verwundet worden und in russische Gefangenschaft gekommen.

Wir waren etwa fünfzehn Mann, die wir die Fahrt nach Deutschland antreten sollten. Unser Regiment wurde durch ukrainische Hiwi aufgefüllt. So war ich eigentlich doch froh, als ich mich von meinen Kameraden verabschieden konnte und meinen Marschbefehl nach Berlin in der Hand hielt. Wir sollten uns dort bei der Kommandantur melden. Zuerst mussten wir aber versuchen, möglichst schnell nach Kiew zu kommen, denn von dort sollten wir mit dem Zug über Lemberg und Breslau bis nach Berlin fahren. Doch es klappte alles besser, als wir es uns vorgestellt hatten, und schon am dritten Tag fuhren wir im Berliner Ostbahnhof ein. Unterwegs hatten wir noch Glück gehabt, als in Lemberg auf dem Bahnhof an alle Heimaturlauber das sogenannte Führerpaket verteilt wurde, und jeder von uns somit auch in den Besitz dieses Paketes kam. In dem Paket befanden sich eine Gans, Dauerwurst sowie Brot und andere Lebensmittel. Mein Stiefbruder Willy und seine Familie waren froh, als ich ihnen das Paket überreichen konnte. Wir meldeten uns hier in Berlin auf der Kommandantur und ich hatte Glück, dass es noch drei Tage dauerte, bis sie einen Transport zusammengestellt hatten. Während dieser Zeit konnte ich noch ein paar schöne Stunden in Berlin verleben.

Aufbruch Richtung Balkan

Als MG-Schütze bei der Panzerabwehr

Am dritten Tag meines Berlinaufenthalts war es dann so weit. Jeden Tag hatte ich mich auf der Kommandantur melden müssen. Wir waren mehrere Hundert Mann, die wir von Berlin aus mit dem Zug über Köln, Paris bis nach Bordeaux befördert wurden. Hier erwartete man uns schon und geschlossen mussten wir zu einem etwa zwanzig Kilometer weit entfernten Kasernengelände marschieren. Es war ja schon Mitte Mai und schönes Wetter, und so waren wir guter Laune und froh, aus Russland herausgekommen zu sein. Wir wussten ja noch nicht, was uns die Zukunft bringen und wo wir zum Einsatz kommen würden. Eins wussten wir jetzt schon, wir gehörten nämlich zur 297. Infanteriedivision, die hier formiert und neu aufgestellt wurde. Diese Division war in Russland fast völlig aufgerieben worden und so brauchten wir beinahe drei Wochen, bis wir neu eingeteilt waren.

Wir vom Transportregiment wurden der Panzerabwehr zugeteilt und hatten wohl noch das beste Teil erwischt. Diese Abteilung bestand aus zwei Packkompanien und einer Panzerkompanie, welcher ich zugeteilt wurde. So eine Besatzung bestand aus fünf Mann: dem Geschützführer, dem Schützen 1, dem Schützen 2, der gleichzeitig MG-Schütze war, dem Funker und dem Fahrer. Ich war als Schütze 2 und MG-Schütze eingeteilt worden. Auch hier hatte ich wieder Glück, denn wir waren, wie sich später herausstellen sollte, eine erstklassige Besetzung. Wir verstanden uns von Anfang an ausgezeichnet, was eine gute Voraussetzung für die nächsten zwei Jahre war.

Der größte Teil unserer Kompanie kam aus Wien und Umgebung, ein Teil aus Baden-Württemberg und sechs Mann aus Berlin. Unser Kompaniechef war ein Graf mit Schloss und Grundbesitz aus der Steiermark. Nach einer kurzen Ausbildung bekamen wir den Befehl, uns nach Jugoslawien in Marsch zu setzen. Wir sollten dort zur Partisanenbekämpfung eingesetzt werden. So waren wir alle froh, dass wir nicht mehr in Russland zu kämpfen brauchten. Es war Ende Mai, als sich unsere Division in Marsch setzte. In Bordeaux wurden wir wieder auf die Bahn verladen und von dort aus ging es über Lyon, Basel, Karlsruhe, Stuttgart, München, Wien, Graz, Zagreb und Belgrad nach Palanka in Serbien. Um drei Uhr nachts sind wir durch Karlsruhe gefahren, und ich musste ununterbrochen an die schöne Zeit mit meiner Erna denken. Nach zwei Tagen erreichten wir schließlich unser Ziel und konnten dort eine große Kaserne beziehen.

Auftrag in Serbien

Die Lage hier in Serbien war schon ziemlich angespannt. Serbien war 1941 von deutschen Truppen ohne größeren Widerstand eingenommen worden und war seitdem von unseren Truppen besetzt. Doch die Partisanenbekämpfung auf dem Balkan musste immer mehr verstärkt werden, da in allen Teilen von Jugoslawien, aber hauptsächlich in Serbien, der Widerstand immer größer wurde. Unsere bisherigen Besatzungstruppen konnten das gesamte Gebiet kaum noch kontrollieren, daher wurde die 297. Infanteriedivision als Verstärkung südlich von Belgrad eingesetzt und jedes Regiment nach ihrem Aufgabenbereich verteilt. Wir hatten den Auftrag, Bahnlinien und Brücken und sonstige wichtige Stützpunkte zu überwachen und die Ordnung auf dem Land und in der Stadt aufrechtzuerhalten. Unsere Kompanie wurde in Pantschowa, etwa zwanzig Kilometer östlich von Belgrad, stationiert.

Bei der Panzerkompanie in Serbien.

Pantschowa lag an der Donau und war eine wunderschöne Kleinstadt mit zum Teil Deutsch sprechender Bevölkerung aus dem Banat, der Heimat der Donauschwaben. Unser Dienst bestand aus Wach- und Streifendienst und in den ersten Wochen verlief alles reibungslos. Wahrscheinlich wollten die Partisanen uns zuerst einmal beobachten. So durften von unserer Kompanie jede Woche drei Mann in den Urlaub fahren. Da mein letzter Urlaub schon eineinhalb Jahre zurücklag, war ich mit bei den Ersten, die fahren sollten. Mit meiner Erna aus Karlsruhe hatte ich brieflich vereinbart, dass ich meinen nächsten Urlaub in Söllingen bei Karlsruhe verbringen würde.

Doch so schnell hatte ich eigentlich gar nicht damit gerechnet. Umso größer war nun die Freude, als ich meinen Urlaubsschein in der Hand hielt und mich auf die Heimfahrt begeben konnte. So brauchte ich hier in Pantschowa nur in das Donaulinienschiff einzusteigen und konnte direkt bis Belgrad fahren. Dort mussten wir uns zuerst entlausen lassen, denn ohne diesen Entlausungsstempel auf dem Urlaubsschein durften wir nicht durch die Bahnsteigkontrolle der Feldgendarmerie. Dann ging es mit dem Zug weiter bis nach Wien.

Da der Zug in Richtung München erst am nächsten Morgen abfuhr, mussten wir in einer Notunterkunft auf dem Bahnhof übernachten. Doch endlich konnten wir unsere Fahrt fortsetzen und ich war schon voller Spannung, denn es waren immerhin eineinhalb Jahre vergangen, seit ich meine Erna zum letzten Mal gesehen hatte. In dieser Zeit konnte sich schon vieles verändert haben. Wie würde mich ihre Mutter wohl aufnehmen, und was war das überhaupt für ein Ort, dieses Söllingen bei Karlsruhe? All diese und noch mehr Fragen gingen mir so durch den Kopf, aber ich hatte trotzdem ein gutes Gefühl. So ließ ich alles auf mich zukommen und erst als ich in Söllingen den Zug verließ, hatte ich ein wenig Herzklopfen. Ich musste mich regelrecht durchfragen, bis ich schließlich vor dem Haus mit der Hausnummer 20 in der Friedhofstraße stand.

Urlaub bei Ernas Familie in Söllingen

Mein Gefühl hatte mich nicht getäuscht. Ich wurde sehr herzlich aufgenommen und fühlte mich hier gleich heimisch. Die ganze Umgebung gefiel mir sehr gut. Auch hatte ich von Anfang an das Gefühl, dass ich Ernas Mutter nicht gerade unsympathisch war. Wenn ich damals von ihrem Dialekt her zwar noch nicht alles verstand, was sie zu mir sagte, konnte ich sie doch gleich gut leiden. Vor allen Dingen hatte sich an meinem Verhältnis zu Erna nichts geändert, denn ich war noch genauso verliebt und ich glaube, dass sie es auch noch war. Wir verstanden uns gut und jetzt wurde mir klar, dass wir zusammengehörten. Ich wusste, dass es ein schöner Urlaub werden würde.

Schon in den ersten Tagen hatte ich Gelegenheit, einen Teil ihrer Familie kennenzulernen. Da war einmal ihr Bruder Wilhelm, der gerade auch für ein paar Tage auf Heimaturlaub gekommen war. Zuerst wusste ich ja nicht, wie ich mich ihm gegenüber verhalten sollte, denn er war Oberleutnant und ich nur ein einfacher Obergefreiter. Aber wir haben uns in den paar Tagen, die wir beisammen waren, ganz gut verstanden. Auch habe ich eine von Ernas älteren Schwestern, Emma, und deren Mann und Kinder kennengelernt.

Diese Einführung in den Kreis der Verwandtschaft verlief für mich jedoch nicht ganz unproblematisch. So sollte ich nach dem Essen als Zeichen der Verbundenheit mit der Familie ein Glas zum Wohle auf einen Zug leer trinken. Ich wollte mir natürlich keine Blöße geben und goss es auch auf einen Zug hinunter. Es war ein elendes Gesöff, und was nun folgte, war alles andere als angenehm. Es gelang mir gerade noch, bis auf den Hof hinauszukommen, und schon kam alles wieder im hohen Bogen heraus. Ich weiß nicht, wie wir an diesem Abend nach Hause gekommen sind, aber auf jeden Fall war es mir ziemlich elend zumute. Aber am nächsten Morgen war schon wieder alles vergessen, und ich konnte mich im Nachhinein nur noch darüber amüsieren.

So verlebten wir gemeinsam noch ein paar schöne Tage in Söllingen. In der zweiten Woche wollte ich gemeinsam mit meiner Erna für ein paar Tage mit dem Zug nach Berlin fahren, um einige Dinge, die mir wichtig waren, nach Söllingen zu holen. Als wir in Berlin ankamen, empfing uns gleich ein Fliegeralarm und so mussten wir am Anhalter Bahnhof sofort in den Luftschutzbunker. Doch dieser Fliegeralarm konnte uns unsere gute Stimmung nicht verderben, denn wir waren ja beieinander und wollten die paar Tage unseres Zusammenseins so recht genießen.

Schließlich trafen wir in unserer Wohnung in der Köpenicker Straße ein. Ich hatte schon ein wenig Bedenken, wie sich Erna wohl in dieser Wohnung und in der städtischen Umgebung fühlen würde. Aber Verliebte können überall glücklich sein, und so war es dann auch bei Erna und bei mir. Auch mit meinem Stiefbruder Willy und meiner Schwägerin Martha sowie den drei Kindern hat sie sich gut verstanden. Ich suchte bei mir zu Hause alles zusammen, was mir wichtig war, verstaute es in einen großen Koffer und gab ihn dann auf dem Bahnhof als Expressgut auf. An den weiteren Tagen wollte ich Erna noch ein wenig von meinem Berlin zeigen. So gingen wir in den Zoologischen Garten, auf den Funkturm, ins Olympiastadion und sahen uns noch verschiedene andere Sehenswürdigkeiten an. Auch machten wir einen Besuch bei den Eltern von meinem besten Freund Kurt, der leider in dieser Zeit noch immer an der Ostfront in Russland war, wo er später in Gefangenschaft geriet.

Viel zu schnell gingen diese schönen Tage in Berlin vorbei, und mein Urlaub war nun auch schon fast zu Ende. Jetzt hieß es wieder Abschied nehmen von meinem geliebten Berlin, und wir fuhren zurück nach Söllingen bei Karlsruhe. Ich ahnte damals noch nicht, dass ich meinen Stiefbruder Willy nicht mehr wiedersehen würde. An meinem letzten Urlaubstag wollten wir noch nach Straßburg fahren, und so hieß es auch hier in Söllingen wieder Abschied zu nehmen von Menschen und einer Umgebung, die ich inzwischen richtig lieb gewonnen hatte. In Straßburg verbrachten wir noch einen wunderschönen Tag zusammen. Wir schauten uns alle Sehenswürdigkeiten an und ich glaube, man konnte es uns wohl ansehen, dass wir glücklich waren.

Am nächsten Morgen hieß es aber dann für uns leider, Abschied zu nehmen. Dieses Mal schworen wir uns die Treue und wir spielten schon mit dem Gedanken zu heiraten. Am späten Abend in Wien angekommen, musste ich mich auf dem Bahnhof bei der Kommandantur melden, um einen Stempel auf meinen Urlaubsschein zu bekommen, denn von diesem Zeitpunkt an war mein Urlaub zu Ende. Da in Kroatien die Eisenbahnstrecke an mehreren Stellen von den Partisanen gerade gesprengt worden war, musste der Rücktransport der Urlauber für mehrere Tage auf der Donau mit dem Schiff erfolgen. So waren viele Dampfer von Wien nach Belgrad unterwegs, um auf der Donau Urlauber zurückzubringen und andere zu holen. Für mich war es ein sehr schönes Erlebnis, denn so lange war ich bis dahin noch nie auf einem Schiff gefahren. Wir fuhren durch Ungarn, vorbei an Budapest, und waren genau vierundzwanzig Stunden auf dem Wasser, bis wir schließlich in Belgrad anlegten. Dort brauchte ich nur auf einen anderen Dampfer umzusteigen, der mich weiter bis nach Patschowa brachte, wo unsere Kompanie noch stationiert war.

Partisanen in Albanien

Frohen Mutes meldete ich mich bei meinem Kompaniechef vom Urlaub zurück. Leider musste ich zur Kenntnis nehmen, dass drei von meinen Kameraden von einem Streifengang nicht mehr zurückgekommen waren. Alles Nachforschen war vergeblich geblieben. Auch hatten wir jetzt immer häufiger mit Störaktionen der Partisanen zu rechnen und lagen in erhöhter Alarmbereitschaft. Selbst hier in Pantschowa konnten wir abends nur in Gruppen ausgehen, um das Soldatenheim aufzusuchen.

Doch unser Aufenthalt hier sollte schnell zu Ende gehen, denn die italienischen Truppen, die in Albanien stationiert waren, sollten abgezogen und durch unsere 297. Infanteriedivision ersetzt werden. So setzten wir uns also in Richtung Süden in Marsch, über Negotin durch Nordbulgarien und über Niš, Priština und Skopje bei Prizren über die Grenze nach Albanien. Es dauerte fast zwei Wochen, bis wir unser Ziel erreichten. Unser Divisionsstab lag in Tirana und die Division wurde auf ganz Albanien verteilt. Meine Kompanie lag in einem Barackenlager bei Schijak, etwa fünfzehn Kilometer von der Hafenstadt Durazzo entfernt. Es war bereits Oktober geworden und wir mussten uns hier schon für längere Zeit einrichten. Die italienischen Truppen, die vor uns hier waren, hatten das Lager sehr gut ausgebaut. Wir richteten uns in unseren Wohnbaracken Bademöglichkeiten ein und hatten auch eine Halle für Sport und Tischtennisspiel zur Verfügung. Das Lager war mit einem hohen Stacheldrahtzaun umgeben und hatte die Größe von mindestens zwei Fußballfeldern.

Neben der Lagerwache hatten wir noch viele Objekte zu überwachen und viele Ortschaften wurden von uns durch Streifendienste kontrolliert. So waren wir sehr viel im Einsatz und mussten viel Dienst außerhalb des Lagers leisten. Außerdem mussten wir mit unseren Panzern von Zeit zu Zeit durchs Gelände und durch Ortschaften fahren, um immer wieder unsere Kampfstärke zu demonstrieren. Die Partisanen sollten somit eingeschüchtert werden, da die Aktivitäten der Partisanen hier in Albanien noch größer waren als in Jugoslawien. Gerade von den landschaftlich sehr schönen Gebirgszügen aus operierten die Partisanen am meisten. Allein bis Weihnachten hatten wir schon mehr als zehn Mann verloren. Nachts kamen sie von den Bergen und überfielen fast geräuschlos unsere Wach- oder Streifenposten und verschwanden genauso wieder. Auf einer Brückenwache, die ich zusammen mit drei meiner Kameraden hielt, wurden zwei Kameraden in der Nacht auf ihrem Posten geräuschlos überwältigt und mitgenommen. Es war eine finstere Nacht, in der man nicht einmal die Hand vor den Augen sehen konnte, und da es auch noch regnete und stürmte, konnte man auch keine verdächtigen Geräusche wahrnehmen. Erst als ich zur Ablösung der Posten mit meinem Kameraden auf Wache ging, merkten wir, dass unsere Kameraden verschwunden waren. Wir besaßen nicht einmal ein Funkgerät, um Verbindung mit unserer Kompanie aufnehmen zu können. So blieb uns nur die Möglichkeit, uns durch Leuchtkugeln als Notsignale zu verständigen. Am Morgen kam dann Verstärkung von unserer Kompanie, aber von unseren Kameraden haben wir nie mehr etwas gehört. Bekanntlich haben die Partisanen ja keine Soldaten gefangen genommen, sondern gleich getötet.

Eines Abends wurde unsere Kompanie von einer Infanterieeinheit, etwa zwanzig Kilometer von uns entfernt, zur Verstärkung gerufen. Es wurde beobachtet, dass viele Partisanen von den Bergen kamen und eine Ortschaft, wo ein Teil der Infanteriekompanie lag und sich auch ein Munitions- und Lebensmitteldepot befand, überfallen werden sollte. So rückten wir mit einem Teil unserer Panzer bis kurz vor die Ortschaft an. Die Infanterie hatte ihre Stellung auf dem Friedhof bezogen. In der Morgendämmerung griffen dann die Partisanen an. Es kam zu heftigen Kämpfen, doch gelang es uns, sie alle zu überwältigen und gefangen zu nehmen. Es können etwa fünfzig Partisanen gewesen sein und noch etliche Bewohner, die mit den Partisanen sympathisierten. So habe ich mehrere ähnlich gefährliche Einsätze erlebt, doch im Großen und Ganzen hat es mir in Albanien ganz gut gefallen.

Hier durfte ich auch meine fünfte Kriegsweihnacht verbringen. Dieses Mal versprach es eine schöne Kriegsweihnacht zu werden. Wir waren hier in unserem Lager recht komfortabel untergebracht und es herrschte eine ausgezeichnete Kameradschaft. Außerdem hatten wir einen prima Kompaniechef. Wenn er auch ein Graf mit drei Schlössern war, so konnte doch jeder mit seinen Problemen stets zu ihm kommen. Ich verstand mich besonders gut mit ihm, denn er war auch ein guter Tischtennisspieler. Zweimal spielten wir unter uns die Kompaniemeisterschaften aus und zweimal konnte ich ihn besiegen. Oft spielten wir auch miteinander Schach, und so war mein Verhältnis zu ihm schon gut. An Heiligabend hatten wir sogar einen Christbaum geschmückt und sangen Weihnachtslieder miteinander. Auch die Silvesternacht konnten wir verhältnismäßig ruhig verbringen und überhaupt meinte der Winter es ziemlich gut mit uns. Wir hatten kaum Temperaturen von weniger als fünf Grad über null, und schon im Januar konnten wir uns in der Sonne wärmen. Wenn wir dann auch noch Post aus der Heimat bekamen, konnten uns schon Frühlingsgefühle überkommen.

Mit meiner Erna aus Söllingen war ich einig, dass wir heiraten wollten, und ich schrieb ihr, dass sie alle Papiere, die zur Hochzeit notwendig waren, besorgen sollte. Man musste damals die arische Abstammung der Eltern und Großeltern genau nachweisen sowie ein Gesundheitszeugnis vorlegen, um die Genehmigung zur Heirat zu bekommen. Wie wir aus den Nachrichten immer wieder hören konnten, war in Russland inzwischen an der gesamten Front der Rückmarsch unserer Truppen im Gang, und die russischen Truppen marschierten unaufhaltsam der deutschen Reichsgrenze entgegen. So konnten wir uns ausrechnen, dass wir uns hier auch bald zurückziehen mussten. Außerdem wurden der Druck der Partisanen und der Widerstand bei der Bevölkerung immer größer. Es war jetzt März 1944, als ich meinen Heiratsurlaub bei meiner Kompanie einreichte. Es dauerte auch nicht lange, bis ich schon am ersten April meinen Urlaubsschein nach Söllingen in meiner Hand hielt. Ein kurzer Abschied von meinen Kameraden, und schon konnte es losgehen. Ich hatte mich noch nie auf einen Urlaub so sehr gefreut wie auf diesen.

Die Fahrt in die Heimat war schon beschwerlich, denn in Albanien gab es keine Zugverbindung, und so musste ich per Anhalter mit deutschen Fahrzeugen erst einmal über den Struga-Pass bis nach Bitoli, einer Stadt in Mazedonien, kommen. Von dort ging es mit dem Zug weiter über Skopje bis nach Belgrad, wo ich durch die „Entlausung" musste. Schließlich kam ich über Wien und Stuttgart nach zweieinhalb Tagen erschöpft, aber glücklich, in Söllingen an. Doch alle Strapazen waren vergessen, als ich meine Erna wieder in meinen Armen hielt.

Kriegshochzeit

Wiedersehensfreude

Die Wiedersehensfreude war riesig. Es gab so viel zu erzählen und zu bestaunen, und immer wieder musste ich feststellen, dass ich an all dem Ländlichen mehr und mehr Gefallen fand. Wenn ich mir auch noch nicht richtig vorstellen konnte, dass ich hier einmal leben sollte, so war mir diese Umgebung inzwischen doch schon vertraut geworden. Aber im April 1944 konnte man sich ja noch nicht irgendwie festlegen, denn bis jetzt war der Krieg noch nicht einmal in seine Endphase getreten. Bei vielen Menschen bestand ja immer noch die Hoffnung, dass der Krieg doch noch gewonnen werden könnte. Ich selbst hatte diese Hoffnung aber schon lange aufgegeben. Für mich galt jetzt nur noch eines: möglichst gesund und unbeschadet aus diesem Krieg zurückzukehren.

So hatte ich schon meine Freude, hier alles in voller Blüte anschauen zu können und mich noch täglich am schönen Anblick meiner geliebten Erna zu erquicken. Wir konnten in diesen Tagen all das Schöne gemeinsam genießen und so recht glücklich sein. Die Vorbereitungen für die Hochzeit liefen auf vollen Touren, denn in wenigen Tagen sollten wir ja vor den Altar treten. Es war einfach bewundernswert, wie Ernas Verwandtschaft es überhaupt ermöglicht hatte, in dieser Zeit ein solches Fest auszurichten. Die Vorbereitungen klappten ausgezeichnet, wenn ich selbst auch nicht allzu viel davon mitbekam. Umso dankbarer war ich, dass ich mich in dieser Umgebung so geborgen fühlen durfte.

Unsere Trauung

Am Freitag, den 14. April, war es dann so weit. Wir gingen abends zum Standesamt, um uns gegenseitig das Jawort zu geben. Es war schon ein großer Moment, aber ich wusste von Anfang an, dass unser Ja ein Ja fürs ganze Leben bleiben würde. So war es dann auch, denn bis heute kann ich mit gutem Gewissen sagen, dass es für mich nie mehr eine andere Frau in meinem Leben gegeben hat und dass ich ihr niemals die Treue gebrochen habe. Ja, ich muss sogar sagen, dass ich sie heute noch genauso lieb habe wie am ersten Tag, nur ist aus dieser stürmischen Liebe eine besinnliche und eine gegenseitig getragene und verständige Liebe geworden, bei der man spürt, dass einer ohne den anderen nicht mehr sein kann.

Kriegshochzeit am 15. April 1944 in Söllingen bei Karlsruhe.

Nachdem die standesamtliche Trauung so harmonisch und reibungslos verlaufen war, war ich auch für die kirchliche Trauung am Samstag und für das anschließende Hochzeitsfest ganz zuversichtlich. So traten wir glücklich vor den feierlich geschmückten Traualtar in der Söllinger Kirche und legten vor

Gott und den anwesenden Verwandten, Bekannten und Nachbarn von meiner Erna unser Ehegelübde ab. Unser Fest war für Kriegsverhältnisse schon beeindruckend und ich hatte auch gleich die Gelegenheit, die Verwandten und Bekannten von meiner Erna näher kennenzulernen. Ich hatte das Gefühl, dass sie mich alle so akzeptierten, wie ich war. Eigentlich war es eine Hochzeit für Kinder und Frauen, denn die Männer waren ja meist beim Militär an der Front.

Unser Hochzeitsfoto.

Hochzeitsreise

Kurz nach unserer Hochzeit durfte ich mit meiner Erna sogar eine Hochzeitsreise antreten. Ihre Schwester Emmi, die auch bei der Hochzeit dabei war, nahm uns mit nach St. Georgen im Schwarzwald, wo sie zu dieser Zeit in einem Krankenhaus als Diakonisse tätig war. Sie hatte uns im Krankenhaus ein schönes Zimmer besorgt, wo wir gut untergebracht waren und auch noch gut verpflegt wurden, und sie hatte sich wirklich große Mühe gegeben, um uns diesen Komfort in dieser Zeit, wo es sonst überhaupt nichts gab, zu ermöglichen. Ich war ihr für diese aufopfernde Bereitschaft stets dankbar.

Von hier aus konnten wir wunderschöne Spaziergänge, Wanderungen und Ausflüge unternehmen. Wir waren mit dem Zug in Villingen, Bad Dürrheim und an den Triberger Wasserfällen. So verlebten wir dort unsere „Flittertage“ mitten im Krieg und waren sehr glücklich miteinander. Doch alles Schöne geht einmal vorbei, und so war es auch mit unserer Hochzeitsreise. Wir mussten wieder zurück nach Söllingen, auch wenn wir so gerne noch geblieben wären. Aber auch dort verbrachten wir noch ein paar schöne Tage miteinander. Dann aber hieß es leider wieder Abschied nehmen. Ich wusste, dass es wohl keinen Urlaub mehr geben würde, denn lange konnte dieser Krieg nach menschlichem Ermessen ja nicht mehr dauern. Mein sehnlichster Wunsch war, den verdammten Krieg zu überleben und wieder gesund zu meiner Erna zurückzukommen. So mussten wir uns also trennen und es ging für mich wieder auf lange Fahrt.

Gefährliche Rückkehr zur Kompanie

Dieses Mal musste ich in Wien zwei Nächte im Arsenal übernachten, da es Schwierigkeiten mit der Weiterfahrt gab. Zusammen mit einem Kameraden, einem Unteroffizier von unserer Kompanie, den ich unterwegs getroffen hatte, nutzte ich diese Gelegenheit, mir Wien mit seinen vielen Sehenswürdigkeiten wie etwa dem Prater einmal etwas genauer anzusehen. Am dritten Tag fuhren wir dann weiter und konnten ohne Zwischenfälle mit dem Zug Bitoli in Mazedonien erreichen. Von hier aus mussten wir wieder per Anhalter versuchen, über den Struga-Pass nach Albanien zu kommen.

Mein Kamerad und ich standen also am Straßenrand und hielten ein Militärfahrzeug an, um mitfahren zu können. Da aber nur noch ein Platz frei war, stieg mein Kamerad, der Unteroffizier, in das Fahrzeug ein. Ich musste etwa noch eine Stunde warten, bis auch ich mit einem Fahrzeug mitfahren konnte. Die Fahrt dauerte etwa vier Stunden, und als wir ungefähr auf halbem Wege waren, bot sich uns plötzlich ein Bild des Grauens. Das Auto, in das mein Kamerad zugestiegen war, stand vor uns und war völlig demoliert, und dahinter lagen die sechs Insassen, jeder durch einen Kopfschuss getötet. Wahrscheinlich hatten ihnen Partisanen aufgelauert. Wir konnten nicht einmal aussteigen, denn aus dem Hinterhalt wurden auch wir beschossen. Wie durch ein Wunder konnten wir unverletzt diese Gebirgsschlucht durchfahren und unsere Fahrt nach Albanien fortsetzen. Im Rückblick kann ich meinem großen und mächtigen Gott für diese erneute wunderbare Bewahrung einfach nur von ganzem Herzen dankbar sein.

Nach mehrmaligem Umsteigen konnte ich schließlich unbeschadet, wenn auch mit großem Schrecken, nach fast vier Tagen wieder meine Kompanie erreichen. Ich musste meinem

Kompaniechef natürlich gleich vom grausamen Tod des Unteroffiziers Bericht erstatten und wir hielten eine Totenmesse. Doch schon bald gewöhnte ich mich wieder an das normale Soldatenleben bei meiner Kompanie.

Der Krieg nähert sich dem Ende

Mit Malaria in Tirana

Zuerst wurde ich für ein paar Wochen mit mehreren Kameraden zum Streifendienst in die Hafenstadt Durazzo an der Adria abkommandiert. Hier mussten wir im ständigen Wechsel zu dritt Streifendienst in der Stadt und am Hafen verrichten. Ich war mit meinem besten Kameraden, auch einem Berliner, zusammen und verbrachte dort eine recht schöne Zeit. Die Bevölkerung war wohl zurückhaltend, jedoch ohne jeglichen äußeren Hass gegenüber uns als deren Besatzer. Wir haben ihnen auch keinen Anlass dazu gegeben und ihnen so oft wie möglich geholfen. Es war gerade Sommerzeit, und wir hatten fast täglich Gelegenheit hier an der schönen Adria im Meer zu baden. So fühlten wir uns in dieser Hafenstadt Durazzo schon bald heimisch. Doch leider war es fast immer so, dass, wenn es uns irgendwo gut gefiel, es eine Änderung gab. Zunächst musste unsere Kompanie ihren Standort nach Süden von Schijak nach Lushnja verlegen, um näher an den Brennpunkten zu sein.

Gerade im südlichen Albanien kam es zu verstärkten Angriffen der Partisanen, teilweise auch gegen die eigene Bevölkerung, unter der sie Sympathisanten zu deutschen Truppen vermuteten. Es waren zum großen Teil die von Marschall Tito in Montenegro ausgebildeten Partisanen, die bestens bewaffnet und ausgebildet worden waren. In diesem neuen Lager in Lushnja sollten wir auch bis zu unserem Rückzug aus Albanien bleiben. Doch zunächst wurde ich zusammen mit noch drei weiteren Kameraden unserer Kompanie für zwei Wochen nach Elbasan zu einem Giftgasunteroffizierslehrgang geschickt. Elbasan war eine Stadt etwa 50 Kilometer südlich von Tirana gelegen, und wir sollten dort für den Fall eines Giftgaskrieges eine Kurzausbildung erhalten, die wir dann in unserer Kompanie weitergeben konnten. Ich hielt diese Maßnahme zwar für völlig überflüssig, denn es gab ja zu dieser Zeit gar keinen Anlass, dass der Feind Giftgas gegen uns einsetzen würde. Aber ich nutzte diesen Lehrgang als willkommene Abwechslung und Gelegenheit, neue Eindrücke sammeln zu können. Wenn wir in diesen Tagen auch ziemlich viel lernen mussten, blieb uns doch noch Zeit genug, uns in dieser Stadt umzusehen. Als wir jedoch zu unserer Kompanie zurückkamen, war ein großer Teil an Malaria erkrankt, und es dauerte auch nur eine kurze Zeit, bis auch ich davon befallen war. Es war eine regelrechte Epidemie unter unseren Truppen ausgebrochen. Mit über 41 Grad Fieber wurde auch ich ins Lazarett in Tirana eingeliefert. Das Lazarett war bereits total überfüllt, und jeden Tag wurden es mehr Soldaten. Die ersten 14 Tage waren schon hart, denn meine Körpertemperatur sank in dieser Zeit kaum unter 40 Grad. Dazu kam noch, dass auch die Lufttemperatur um 40 Grad heiß war. Es war im Bett fast unerträglich, und erst als ich nach fast drei Wochen endlich fieberfrei war, konnte ich wieder zuversichtlich sein und neue Energie entwickeln. Die letzten paar Tage konnte ich mich auch mal außerhalb vom Lazarett aufhalten, allerdings durften wir uns nur in Gruppen in Tirana umsehen. Nach 24 Tagen konnte ich schließlich als geheilt entlassen werden und zusammen mit einigen meiner Kameraden zu unserer Kompanie zurückkehren.

Rückzug aus Albanien

Es war nun inzwischen schon Spätjahr geworden, und das Wetter war immer noch schön und zum Teil auch noch recht warm. Da bekamen wir eines Tages den Befehl, mit unseren Panzern die Ortschaft Kruja, die von den Partisanen völlig besetzt worden war, zu stürmen und von den Partisanen zu befreien. Mit der Unterstützung einer Infanteriekompanie gelang es uns dann auch nach schweren Straßenkämpfen, die Partisanen in die Berge zurückzutreiben oder gefangen zu nehmen. Doch auch von unserer Seite hatten wir zwei Tote und mehrere Verwundete zu beklagen.

Aber nicht nur durch Kampfeinwirkung, sondern auch durch Unfälle hatten wir Verluste zu verzeichnen. So wurde mein Geschützführer, ein Unteroffizier aus Wien, beim Einweisen unseres Panzers von den Panzerketten erwischt und unter den Panzer gezogen. Er war sofort tot. Er hätte in den nächsten Tagen Heimaturlaub gehabt und hatte heiraten wollen. Dieser Krieg war in allem so grausam, dass man richtig abgestumpft wurde und dieses alles kaum noch registrierte.

So hatten übrigens noch mehrere Kameraden Heiratsurlaub eingereicht, ansonsten herrschte zu dieser Zeit Urlaubssperre. Doch auch diese Sonderfälle wie eine Heirat sollten bald ein Ende haben, denn ab dem 1. Dezember wurde bei der gesamten Division eine totale Urlaubssperre verhängt.

Es war jetzt der Zeitpunkt gekommen, wo der Befehl zum Rückzug aller unserer Truppen aus Albanien gegeben wurde. Unsere Kompanie mit den zwölf Panzern war die letzte, die Albaniens Ortschaften und Stützpunkte verließ, denn wir mussten allen Rückendeckung geben. Auf einmal war die ganze Bevölkerung gegen uns und fast aus allen Häusern wurde auf uns geschossen. Man konnte es kaum glauben, woher plötzlich die ganzen Waffen kamen. Mehrmals flogen auch Handgranaten, doch wir konnten uns mit unseren Maschinengewehren zum Glück den Weg freischießen.

So war es genau an Heiligabend, als wir als letzte deutsche Einheit das Weihnachtsfest 1944 an der albanischen Grenze zu Montenegro verbrachten. Von Feiern konnte dieses Mal keine Rede sein, denn wir hatten noch nicht einmal ein Dach über dem Kopf. An meinem Geburtstag, am 23. Dezember, haben wir unsere Weihnachtspost bekommen. Es sollte unsere letzte Post sein bis zum Ende des Krieges. Es war nur gut, dass es das Wetter bisher so gut mit uns gemeint hatte, denn wir hatten zu dieser Jahreszeit noch Temperaturen zwischen zehn und fünfzehn Grad über null. Von hier begann jetzt der Rückzug durch den Balkan bis an die slowenisch-österreichische Grenze bei Radkersburg.

Höllenfahrt durch Jugoslawien

Gleich nach Weihnachten, nachdem wir Albanien verlassen hatten, fuhren wir durch die Berglandschaft von Montenegro. Es war eine Landschaft von einzigartiger Schönheit, doch für uns wurde diese Fahrt zur wahren Hölle. Von allen Seiten wurden wir beschossen und wir kamen nur sehr langsam voran, da wir immer hinter der Infanterie bleiben mussten und den Marsch unserer Truppen decken sollten. So habe ich auch in dieser Phase wieder einen Schutzengel gehabt, denn als wir über eine kleine Brücke mussten, war diese von Partisanen mit Barrikaden verstellt, sodass wir mit unserem Panzer gestoppt wurden. Unsere Besatzung musste nun den Panzer verlassen, um den Weg wieder freizuräumen und nach Minen abzusuchen.

Doch wir hatten nicht einmal die Brücke erreicht, als von allen Seiten gezielt auf uns geschossen wurde. Es war ein unbeschreiblicher Kugelregen um uns her, ehe wir in Deckung gehen konnten. Wie durch ein Wunder wurde nur unser Funker leicht am Arm verwundet und alle anderen kamen unbeschadet davon. Zur gleichen Zeit eröffneten die anderen deutschen Panzer das Feuer nach allen Seiten hin, und so gelang es uns, die Barrikaden wegzuräumen und die Brücke zu passieren.

Wir befanden uns fast ständig unter Beschuss, bis wir die Stadt Titograd erreichten. Hier verbrachten wir Silvester in einer alten Schule, wo wir für eine Nacht Unterschlupf gefunden hatten. Uns war so gar nicht zum Feiern zumute, denn wir waren fast die halbe Nacht damit beschäftigt, unsere Kleidungsstücke von Läusen zu befreien. Seitdem wir beinahe jede Nacht im Freien übernachten mussten, kamen wir nicht mehr aus unseren Kleidern heraus und konnten uns vor Läusen kaum noch retten. Auch für die nächsten Wochen sollte es so bleiben. Es ging jetzt weiter über Dubrovnik bis nach Mostar in Bosnien. Hier mussten wir warten, bis unsere Truppen alle die berühmte Brücke über die Nerenta (heute: Neretva; W.S.) passiert hatten. Unsere Kompanie sollte die letzte sein, die über diese Brücke fuhr, denn danach wurde sie von den Pionieren gesprengt.

Unsere Truppen kamen nur sehr langsam voran und es war bereits Ende Februar, als wir in Sarajewo ankamen. Auch hier konnten wir wieder für ein paar Tage in einem Saal Unterkunft finden und unsere Kleidung ein wenig in Ordnung bringen. Von Sarajewo aus ging es in nördlicher Richtung bis nach Osijek, wo wir wieder einige Tage blieben, bis es dann weiter in nordwestlicher Richtung nach Višnjevac an der Drau ging. Hier an der Drau entwickelten sich schwere Kämpfe, und wir hatten dabei die meisten Ausfälle an Verwundeten und Toten seit Beginn des Balkanfeldzuges. Unsere Kompanien mussten ständig neu aufgefüllt werden, und unsere Division bestand nur noch aus einzelnen Kampfgruppen. Nach tagelangen Kämpfen konnten wir endlich die Drau überschreiten und ungarischen Boden betreten.

Russische Scharfschützen am Plattensee

Unser Ziel war es, zum Plattensee vorzustoßen, wo die russischen Truppen Stellung bezogen hatten. Es sah fast so aus, als wollten sie hier das Kriegsende abwarten. So bezogen auch wir hier feste Stellungen und lagen uns wochenlang nur wenige Meter gegenüber. Es war ein ständiges Abtasten und wir hatten den Eindruck, dass auch die Russen kriegsmüde waren, wenn wir nicht angriffen. Im Gegensatz zu Jugoslawien gab es hier in Ungarn kaum Partisanen. Wir hatten uns auf einem Bauerngehöft verschanzt, wo wir aber so wenig Wasser hatten, dass wir dieses nur zum Trinken verwenden durften. Zur täglichen Körperwäsche mussten wir Wein benutzen, denn davon gab es im Keller jede Menge. Es war ein erstklassiger Muskatellerwein, den wir natürlich nicht nur zum Waschen benutzten. Schon am frühen Morgen ließen wir uns ihn schmecken.

Ich kann diese Zeit schon deshalb nicht vergessen, weil ich dort einen furchtbaren Rausch hatte. Zwei Tage lang wusste ich nicht mehr, wo ich mich befand. Dieser Rausch hatte aber auch etwas Positives an sich, denn er wirkte für mich so abschreckend, dass es bei diesem einen Rausch in meinem ganzen Leben blieb. Es war nur gut, dass wir in diesen Tagen nicht von den Russen angegriffen wurden.

Auch hier am Plattensee erlebte ich wieder eine echte Bewahrung. Mein Geschützführer, ein Unteroffizier aus Stuttgart, und ich standen an einem mondhellen Abend auf Wachposten und machten gerade einen Streifengang, als plötzlich mehrere Schüsse knallten. Bevor wir noch in Deckung gehen konnten, spürte ich an meinem Stahlhelm einen Aufprall. Es musste ein Querschläger gewesen sein. Schlimmer noch erging es meinem Kameraden, denn dieser spürte einen Aufprall an seiner Brust. Bei ihm hatte die Gewehrkugel seinen Militärrock durchbohrt und ist in seiner Brieftasche stecken geblieben. Hätte er nicht seine Brieftasche bei sich getragen, wäre die Kugel in sein Herz gedrungen und hätte es durchbohrt. Minutenlang waren wir vor Schrecken wie gelähmt, bis wir uns schließlich wieder fassen konnten. Wahrscheinlich hatten uns russische Scharfschützen erspäht und uns aufs Korn genommen.

Unsere gesamten Truppen zogen sich jetzt bis an die deutsch-ungarische und deutsch-jugoslawische Grenze zurück. Es war unser wichtigstes Bestreben, nicht noch in letzter Minute in russische Gefangenschaft zu geraten. Unsere Division, das heißt, was noch davon übrig geblieben war, sammelte sich im Raum von Radkersburg. Zwei Tage vor Kriegsende wurden noch zwei unserer Soldaten von der Feldgendarmerie erschossen, nur weil sie sich von der Truppe entfernt hatten und nach Graz, ihrer Heimatstadt, die fünfzig Kilometer entfernt lag, absetzen wollten. Ich weiß nicht, ob diese schrecklichen Kriegsverbrechen noch gesühnt werden konnten. Wir zogen weiter nach Mureck, wo wir in einer alten Schlossburg das Kriegsende miterlebten.

Nach dem Waffenstillstand kam der Befehl, dass sich alle Truppen in diesem Raum in dem etwa zehn Kilometer südlich von Klagenfurt gelegenen Kriegsgefangenenlager der Engländer sammeln mussten. So kamen wir zwei Tage nach Kriegsende im Lager an. Hier mussten wir unsere Fahrzeuge und sämtliche Waffen abgeben, bevor wir registriert wurden und im Lager unseren Platz zugewiesen bekamen.

In Kriegsgefangenschaft

Bei den Engländern

Dieses Kriegsgefangenenlager war auf einem riesengroßen Gelände eines Bauernhofes angelegt. Es standen zwei große Scheunen zur Verfügung, wo etwa jeweils dreihundert Mann untergebracht waren. Dazu waren noch acht große Zelte aufgestellt, wo auch in jedem über hundert Mann Platz fanden. Um die tausendfünfhundert deutsche Soldaten konnten es gewesen sein, die hier im Lager untergebracht und von den einstmals zehntausend unserer Division noch übrig geblieben waren. Auf alle Fälle brauchten wir nicht im Freien zu übernachten, und da es schon Mai war, brauchten wir auch nicht zu frieren.

Beim Arbeitseinsatz im Kriegsgefangenenlager.

Die Verpflegung im Lager war zwar nicht gerade die beste, aber doch ausreichend. Vor allen Dingen war dieses Lager von keinem Stacheldraht umgeben, sondern nur von englischen Soldaten bewacht. So fühlten wir uns eigentlich nie als richtige Gefangene und wurden von den Engländern auch nie als solche behandelt. Im Gegenteil, die englischen Wachposten sahen oft weg, wenn wir uns einmal außerhalb des Lagers aufhielten.

Die Männer unserer Kompanie waren in einer der beiden Scheunen untergebracht, und wir fühlten uns dort recht wohl. In den ersten vier Wochen waren wir mit etwa fünfzig Mann zu einem Arbeitseinsatz in der Nähe der Grenze eingesetzt. Wir mussten dort das Gelände wieder einebnen, wo Stellungen und Gräben ausgehoben waren. Es war eine etwas eintönige, jedoch keine schwere Arbeit. Aber es sollte bald besser werden, denn eines Tages kam ein englischer Oberst ins Lager und suchte sich etwa hundert Mann zum Arbeitseinsatz für sein Regiment aus. Dieses Regiment war in Klagenfurt stationiert und rings um den Wörthersee verteilt. Bei der Aufteilung auf die einzelnen Kompanien versuchten wir paar Freunde möglichst beieinanderzubleiben und wir hatten das Glück, mit zwölf Mann einer Kompanie in Klagenfurt zugeteilt zu werden.

Küchen- und Reinigungsdienst

Diese Kompanie war in einem großen Hotel direkt am Wörthersee untergebracht und wir mussten Küchen- und Reinigungsdienst verrichten. Die uns zugewiesene Arbeit erfüllten wir gewissenhaft und so gehörten wir bald richtig zur englischen Kompanie. Wir bekamen das gleiche Essen wie die Engländer, und unsere Arbeitszeit dauerte von morgens acht bis nachmittags um vier Uhr. Der englische Kompaniechef setzte auch durch, dass wir in ein Internierungslager in der Stadt Klagenfurt verlegt wurden, wo wir in kleinen Zelten untergebracht waren und abends sogar bis um zehn Uhr Ausgang hatten. Wir konnten sogar ins Kino gehen, das gerade wieder neu eröffnet wurde, und überhaupt verlief das Leben hier in Klagenfurt schon wieder fast normal. Es gab wohl nur beschränkt Lebensmittel, aber auf dem Schwarzmarkt oder im Tauschgeschäft konnte man ziemlich alles haben. Die Menschen hier schienen den Krieg schon fast vergessen zu haben.

Wir konnten uns ein bisschen Taschengeld verdienen, indem wir für die Engländer Kleidungsstücke, meist Unterwäsche und Schuhe, bei der Bevölkerung verkauften und prozentual am Erlös beteiligt waren. Die Leute rissen uns die Sachen fast aus der Hand und zahlten gut. Doch schon im August wurde das englische Regiment nach England zurückbeordert und wir wurden praktisch arbeitslos. Zum Glück konnte ich hier im Lager bald wieder einen guten Posten bekommen, denn irgendwie hatten sie bei der Lagerleitung herausbekommen, dass ich eine schöne Handschrift hätte, und so holten sie mich in ihre Schreibstube. Dort hatte ich dann die Aufgabe, Statistiken und Karteien zu beschriften. Es war ein wirklich ruhiger Posten, allerdings wäre ich auch gerne mehr bei meinen Kameraden gewesen, die ich jetzt nur noch abends sah. Doch so langsam ging auch der Sommer zu Ende und wir mussten uns nun überlegen, wie es wohl weitergehen sollte.

Als eines Tages der Befehl kam, dass sich alle östlich der Elbe eingezogenen Soldaten sofort nach Brandenburg an der Havel in Marsch setzen mussten, waren die meisten meiner Kameraden und Freunde davon betroffen. Nun hieß es Abschied nehmen und mir war klar, dass auch ich jetzt eine Entscheidung treffen musste. So organisierte ich an einem Tag im September, zusammen mit zwei Kameraden aus Karlsruhe, unsere Flucht aus dem Internierungslager.

Flucht

Die Bewachung unseres Internierungslagers war nicht allzu streng und so gelang uns mühelos die Flucht aus dem Lager. Wir mussten uns auf einen langen Fußmarsch einstellen, denn mit dem Zug konnten wir nicht fahren, da dort ständig mit Militärkontrollen zu rechnen war. Auch mussten wir uns am Tage versteckt halten und konnten nur in der Nacht marschieren. Die Marschroute hatte ich mir gut eingeprägt und so marschierten wir jede Nacht bis zu vierzig Kilometer. Das Essen holten wir uns vom Feld und Obst gab es auch genug. Nach zehn Tagen konnten wir schließlich, natürlich nachts, die deutsche Grenze zwischen Salzburg und Bad Reichenhall überschreiten. In Rosenheim holten wir uns von der örtlichen Behörde Passierscheine, mit denen wir dann auch mit dem Zug fahren durften. Wir lösten uns eine Fahrkarte nach Karlsruhe, und so stand ich Ende September tatsächlich ganz unverhofft und unangemeldet vor der Haustür in der Friedhofstraße Nummer 20 in Söllingen, wo ab jetzt mein neues Zuhause sein sollte.

Überraschende Heimkehr

Der einzige Gedanke, der mir in diesem Augenblick im Kopf herumschwirrte, war, was wohl meine Erna sagen wird, wenn ich auf einmal so plötzlich vor ihr stehe. Es war eine riesengroße Freude und ich hatte den Eindruck, dass sie gar nicht so sehr überrascht war. Sicherlich hatte sie damit gerechnet, dass ich eines Tages vor ihr stehen würde. Nun war also endlich der Augenblick gekommen, nach dem ich mich so lange gesehnt hatte und ich sie in meinen Armen halten konnte. Auch meine Schwiegermutter hieß mich herzlich willkommen. Ich glaube, dass auch sie froh war, dass jetzt wieder ein Mann im Haus war. Im Jahr 1945 gab es hier im Haus, Garten und Feld noch sehr viel Arbeit, und da konnte man schon einen Mann gut gebrauchen.

Obwohl das alles natürlich Neuland für mich war, wollte ich doch mein Bestes geben und mich nützlich machen. Die Gartenarbeit fiel mir am Anfang nicht leicht, da ich eben ein ausgesprochener Stadtmensch war. Sicherlich habe ich mich auch nicht gerade geschickt dabei angestellt und viele kritische Blicke auf mich gezogen. Eigentlich hatte ich es mir ja alles so schön ausgemalt, nach dem Krieg mit meiner Erna in Berlin eine schöne Stadtwohnung zu beziehen. Eine gute Arbeitsstelle mit gutem Verdienst war mir ja von meinem ehemaligen Geschäft in Aussicht gestellt worden. Aber es kam eben doch alles anders. Ja, der Mensch denkt und Gott lenkt und ich bin überzeugt, dass mein Gott schon richtig gelenkt hat, denn wer weiß, was in der Großstadt Berlin aus uns geworden wäre und ob ich dort jemals zum Glauben an diesen allmächtigen Gott gefunden hätte. Nun war der Krieg aber verloren gegangen, mein Geschäft war ausgebombt und existierte nicht mehr, und eine Wohnung hätten wir in Berlin auch nie bekommen.

Also musste ich mich jetzt umstellen, aber auch umlernen. Zunächst konnte ich hier in Söllingen keinen Arbeitsplatz finden, denn auch in Karlsruhe war sehr viel zerstört und alles noch im Umbruch. Die Unternehmer mussten zuerst einmal wieder alles aufbauen, um einen Neuanfang zu beginnen. Es war schon eine sehr schwierige und unsichere Zeit. Doch auf dem Lande hatten die Menschen immerhin wieder die Möglichkeit, in ihren Gärten oder auf ihren Äckern selbst etwas anzubauen, und konnten sich dadurch einen besseren Lebensstandard sichern.

Bei meiner polizeilichen Anmeldung bei der Gemeinde wurde mir jedoch gleich erklärt, dass ich unbedingt einen Entlassungsschein von einem Kriegsgefangenenlager bräuchte, um vorschriftsmäßig als Söllinger Bürger anerkannt zu werden. Also musste ich mich entschließen, zum nächstgelegenen Lager nach Heilbronn zu fahren, um mir dort einen solchen Entlassungsschein zu besorgen. Ich vereinbarte mit der Gemeinde, dass dies allerdings erst nach Neujahr geschehen sollte. Natürlich nahm ich auch gleich Verbindung nach Berlin auf, denn ich wollte ja wissen, wie meine Brüder und Verwandten den Krieg überstanden hatten. Doch hier bekam ich gleich eine sehr traurige Nachricht. Mein Stiefbruder Willy, der nicht zum Kriegsdienst eingezogen worden war, weil er im Haus als Luftschutzwart eingesetzt war, wurde zwei Tage vor Kriegsende bei den Straßenschlachten von Berlin durch eine Granate einer russischen Stalinorgel tödlich getroffen. Ich konnte mir den Schrecken und die Trauer meiner Schwägerin und deren drei Kinder vorstellen. Sie musste sich nun auch als eine sogenannte Trümmerfrau von Berlin den Unterhalt für sich und ihre Kinder verdienen.

Der größte Teil unseres Hauses und auch der Straße wurde erst zum Schluss von den russischen Truppen durch Straßenkämpfe zerstört. Alle meine übrigen Verwandten hatten den Krieg jedoch unbeschadet überstanden. Mein Bruder Werner war zu dieser Zeit noch in französischer Gefangenschaft und wurde dort erst im Sommer 1946 entlassen. Ich wäre so gerne jetzt kurz nach Berlin gefahren, doch das war zu diesem Zeitpunkt für mich nicht möglich. Immerhin konnte ich nach sieben Jahren das Weihnachtsfest endlich wieder zu Hause feiern, und dieses Mal mit meiner Frau Erna und meiner Schwiegermutter. Ja, ich war so dankbar, dass es mir so gut ging. Auch bei meiner neuen Verwandtschaft hier in Söllingen hatte ich mich schon bestens eingelebt. Das einzig Bedrückende war, dass wir noch immer keine Nachricht von Ernas Bruder Wilhelm bekommen hatten, der dann später als vermisst erklärt wurde. Auch Silvester und Neujahr konnten wir gemeinsam feiern, bevor ich mich aufmachte, um zum Gefangenenlager nach Heilbronn zu fahren.

Neue Gefangenschaft und endgültige Heimkehr

Gleich nach Neujahr setzte ich mich also in den Zug, um mir in Heilbronn diesen Entlassungsschein zu holen. Es wäre ja nur eine Formsache, hatte man mir auf dem Bürgermeisteramt gesagt, und am anderen Tag wäre ich auch schon wieder zu Hause. In dieser Annahme fuhr ich zusammen mit einem ehemaligen Söllinger Soldaten, der auch seinen Entlassungsschein haben wollte, los. Wir waren beide guter Hoffnung, denn der Krieg war ja schließlich zu Ende und wir wieder zu Hause. So meldeten wir uns bei der amerikanischen Kommandantur der Lagerleitung in der Annahme, diesen Entlassungsschein sofort zu bekommen, um dann mit dem nächsten Zug gleich wieder nach Hause fahren zu können.

Es war auch nicht so ganz falsch gedacht, denn mein Söllinger Kamerad hielt schon nach kurzer Zeit seinen Entlassungsschein und vierzig Mark Entlassungsgeld in seiner Hand. Doch leider war es bei mir ein bisschen anders. Im Formular mussten wir nämlich ausfüllen, wo wir zum Kriegsdienst eingezogen worden waren. Es war eigentlich nur eine Formalität, diese Angabe, und niemand hätte sie tatsächlich nachprüfen können, denn der größte Teil der Soldaten besaß ja überhaupt keinen Wehrpass mehr. Doch meine ehrliche Angabe, in Ostberlin, also im jetzt russisch besetzten Teil von Deutschland, eingezogen worden zu sein, wurde mir nun zum Verhängnis. Mir blieb gerade noch ein wenig Zeit, meinem Söllinger Kameraden eine kurze Nachricht an meine Erna mitzugeben, als ich schon in eine Baracke eingewiesen wurde, wo gerade noch ein Platz frei war.

Dieser Platz bestand aus einem Strohlager und einer Decke, die man als Unterlage oder zum Zudecken benutzen konnte. Es waren vielleicht an die zweihundert Mann in dieser Baracke untergebracht. Da es Anfang Januar war, hatten wir Temperaturen weit unter null Grad. In der Mitte der Baracke stand ein großer eiserner Ofen, der mit Holz geheizt wurde. Dieses Holz war äußerst knapp, da es jeweils zugeteilt wurde. So ging schon meistens um Mitternacht das Feuer im Ofen aus und die meisten Insassen versuchten schon gleich nach dem Abendessen einen Schlafplatz in der Nähe des Ofens zu bekommen. An Schlaf war allerdings kaum zu denken, schon der Kälte wegen, und hinzu kam dann noch der Lärm, der die ganze Nacht lang andauerte.

Ich musste mich immer wieder fragen, womit ich das nur verdient hatte und durfte gar nicht daran denken, dass ich jetzt in Söllingen in einem schönen warmen Bett bei meiner Erna hätte schlafen können. Doch ich tröstete mich damit, dass ich den ganzen langen Krieg überstanden hatte und dieses Lager hier auch noch überstehen würde. So verging ein Tag nach dem anderen und es geschah zunächst nichts. Ja, die Kälte wurde sogar immer strenger und das Leben im Lager immer unerträglicher. Zum Waschen und auf die Toilette mussten wir in eine andere Baracke gehen. Da durfte man es aber nicht sehr eilig haben, sonst wäre es in die Hose gegangen. Die Toilette bestand aus einem tiefen Graben, über dem der Länge nach eine dicke Stange befestigt war, und eine solche Sitzung war schon eine wackelige Angelegenheit. Das Toilettenpapier musste auch jeder selbst mitbringen, meist Zeitungspapier, in dem unsere Lebensmittelration eingewickelt war. Auch das Essen war sehr knapp bemessen und hatte überhaupt keinen Geschmack. Dick konnte man davon bestimmt nicht werden, und ich habe in dieser Zeit sicherlich einige Kilo abgenommen.

Das Schlimmste war allerdings, trotz der vielen Menschen, diese Abgeschlossenheit und Einsamkeit, die sich einfach aufs Gemüt schlug. Jeder döste gerade so vor sich hin und es war überhaupt nicht möglich, ein vernünftiges Gespräch zu führen oder Kontakte aufzubauen. Eines Tages hieß es dann plötzlich, ein Pfarrer käme zur Seelsorge, um einen Gottesdienst abzuhalten. Endlich einmal etwas anderes! Ich hatte mich in meinem ganzen Leben noch nie so sehr auf einen Gottesdienst gefreut. Schnell schrieb ich ein paar Zeilen, die ich dem Pfarrer als Nachricht für meine Erna mitgeben wollte. Jetzt konnte ich erst verstehen, dass es auch bei uns an der Front in Russland Soldaten gab, die unter schwierigsten Verhältnissen kilometerweit bei strenger Kälte zum Feldgottesdienst gegangen sind.

So wurde ich tatsächlich vom Wort Gottes angesprochen und ich hätte dem Pfarrer noch stundenlang zuhören können. Die ganze Nacht beschäftigte mich die Predigt, aber den entscheidenden Schritt wollte ich doch noch nicht wagen. In der gleichen Zeit versuchte auch Erna durch einen Söllinger Pfarrer, mit mir Kontakt im Lager aufzunehmen. Gerade wurden im Lager Transporte für den Wiederaufbau in Russland oder in russisch besetzten Gebieten zusammengestellt, und eines Tages stand auch ich auf der Liste für einen solchen Transport, was mich völlig deprimierte.

Aber es geschah ein Wunder. Der Pfarrer aus Söllingen besuchte mich gerade in dieser Zeit und wir gingen gemeinsam zum amerikanischen Lagerkommandanten. Das Gespräch zwischen dem Pfarrer und dem Kommandanten dauerte nur wenige Minuten und ich konnte noch am gleichen Tag meinen Entlassungsschein und vierzig Mark in der Hand halten. Ich war der glücklichste Mensch und ich hätte dem Pfarrer um den Hals fallen können.

Aber trotz allem, was jetzt geschehen war und was ich erlebt hatte, muss ich zu meinem Bedauern im Nachhinein feststellen, dass ich nicht einmal ein Dankgebet gesprochen und es alles als selbstverständlich angesehen hatte. Was musste Gott denn wohl noch alles tun, um mich davon zu überzeugen, dass ich doch nur Ja zu ihm zu sagen brauchte?!

Voller Glückseligkeit trat ich schnellstens die Heimreise nach Söllingen an. Es machte mir auch gar nichts aus, dass ich abends um elf Uhr vom Bahnhof in Karlsruhe-Durlach noch nach Söllingen laufen musste. Es war wohl meine schönste Nachtwanderung, die ich je gemacht hatte. Schließlich konnte ich nach dieser endgültigen Heimkehr meine Erna in die Arme nehmen und wir waren beide so glücklich, dass wir endlich wieder beieinander waren und auch beieinander bleiben sollten. Nach meiner Rückkehr ging ich natürlich gleich mit meinem Entlassungsschein zum Bürgermeisteramt, um mich jetzt ordnungsgemäß als Söllinger Bürger anzumelden. Ich wollte meinen Ohren nicht trauen, als mir der Beamte mitteilte, dass man nach der neuen Verordnung den Entlassungsschein nicht mehr vorzulegen brauchte und ich mir den Weg nach Heilbronn hätte sparen können. Ich war schockiert und musste mich echt beherrschen, denn wegen einer Formalität, die schon überholt war, musste ich über drei Wochen entsetzliches und qualvolles Gefangenenlager über mich ergehen lassen und wäre beinahe in einem russischen Arbeitslager gelandet. Allein die Tatsache, dass ich endlich wieder zu Hause sein durfte, stimmte mich schließlich doch noch versöhnlich.

Dankbarer Blick zurück und getroste Hoffnung für die Zukunft

Der Mensch denkt und Gott lenkt und das ist auch gut so. Wir wissen, dass Gott keine Fehler macht, und nicht unser, sondern sein Wille möge geschehen, und ich möchte die Zukunft getrost in seine Hände legen und mich seiner Führung weiterhin anvertrauen. Es ist doch auch wirklich schön, wenn wir schon morgens im Bett das Gezwitscher der Vögel wahrnehmen können, und auch der Blick aus dem Fenster fasziniert mich immer wieder aufs Neue, wenn wir die Farbenpracht der vielen Blumen anschauen und uns daran erfreuen dürfen. Doch am allerschönsten ist, wenn wir jeden Morgen gemeinsam alles im Gebet vor unseren Gott bringen und auch für unsere Kinder, Enkel und Urenkel beten dürfen. Ja es ist und bleibt unser größter Wunsch, dass auch sie alle einmal wahre Gotteskinder werden, die sich so wie wir in Jesus Christus geborgen fühlen können und den Segen Gottes empfangen dürfen. Wenn ich überhaupt auf mein bisheriges Leben zurückblicke, so sollte mein ganzes Denken und Handeln nur noch aus Danken bestehen, für die vielen wunderbaren Bewahrungen und die vielen schönen Stunden, die mir auch jetzt noch in meinem Alter beschieden sind. So ist mir außer meinen Erkrankungen an Ruhr und Malaria in meinen sechs Kriegsjahren doch kein einziges Haar gekrümmt worden, und wie durch ein Wunder konnte ich all diese Todesgefahren schadlos überstehen.

Ich weiß heute, dass Gott in all den Jahren seine schützenden Hände über mich ausgebreitet hatte und mir einen Schutzengel zur Seite stellte, denn so viel Glück hätte man gar nicht haben können, ja es war allein Gottes Bewahrung. Doch sind mir auch die Not, das Leid und sehr viel Schmerz nicht erspart geblieben. Wenn ich auf mich und mein Versagen blicke, so muss ich mich wirklich fragen, wie ich denn so viel Gutes und so viel Gnade und Barmherzigkeit verdient habe. Eins aber weiß ich doch genau, dass dies alles nur geschehen konnte, weil Gott mich so lieb hat. Ja, ich habe mich ihm ganz übergeben, und mein Konfirmanden- und zugleich unser Trauspruch „Sei getreu bis in den Tod, so will ich dir die Krone des Lebens geben" aus dem Buch der Offenbarung ist mir zur Richtschnur und zum Motto in meinem Leben geworden. Ja, diese Krone des Lebens zu erlangen, ist mir zu meinem Lebensziel geworden, nicht eine Krone für eine besondere Lebensleistung, sondern neues, wunderbares und ewiges Leben in Gottes Herrlichkeit aus reiner Gnade und Barmherzigkeit.

Gott allein kennt den Weg, den ich noch gehen muss, um einmal bei ihm in der Ewigkeit zu sein. So will ich auch weiterhin jeden Tag und jede Stunde bis zu meinem letzten Atemzug ihm getreu sein und mein ganzes Leben und mein Sterben in seine Hände legen und getrost in die Zukunft blicken.

Nachwort von Werner Schimke

Ein zweites großes „Gott sei Dank“, wieder im wahrsten Sinn des Wortes, gilt dem dankbaren und segensreichen christlichen Lebensstil meines Vaters, den er im Rückblick und getrostem und hoffnungsvollem Ausblick in die Zukunft in seinen letzten Aufzeichnungen zum Ausdruck brachte. Zwar hat er erst mit fünfundfünfzig Jahren seine, wie er es selbst nannte, wohl wichtigste Entscheidung in seinem Leben getroffen und sein ganzes Leben Gott übergeben. Aus einer inneren Not heraus fiel er das erste Mal in seinem Leben auf die Knie und flehte mit seiner ganzen Kraft zu Gott. Seine Frau, meine Mutter, lag nach einer Operation zwischen Leben und Tod im Krankenhaus. Wenn Gott seine Frau wieder gesund machen würde, so wollte er ihm sein ganzes Leben übergeben. Dieses Wunder geschah und er wusste, dass es eine Gebetserhörung war. Seit jener Stunde gehörte sein Leben ganz Gott und seinem Sohn Jesus Christus. Er war zwar schon seit Jahren immer wieder mit Gottes Wort konfrontiert worden und hatte auch viel über den christlichen Glauben gehört, aber ihm hatte das alles bisher noch nicht so viel zu sagen. Es schien, als musste erst seine Frau, meine Mutter, eine so schwere Krankheit erleiden, damit er zum wahren und lebendigen Glauben kommen konnte.

Wie schön war es jetzt für ihn, denn nun konnten sie endlich als Ehepaar gemeinsam den Weg mit Jesus Christus gehen. Es begann für sie ein ganz neuer Zeitabschnitt. Nicht dass sie nun keine Probleme oder Sorgen oder Krankheitsnöte mehr hatten, aber sie konnten jetzt doch gemeinsam alles im Gebet vor ihren Gott bringen und wussten: Wenn er ihnen Lasten auferlegte, würde er ihnen auch die Kraft schenken, sie zu tragen. Und wenn sie auch oft Wege gehen mussten, die sie nicht verstehen konnten, so wussten sie doch, dass Gottes Wege immer die richtigen Wege waren. Mein Vater hat seine damalige Entscheidung zum Glauben an Jesus Christus an keinem einzigen Tag bereut. Ja, er war seitdem ein anderer Mensch geworden und verspürte eine innere Ruhe und Ausgeglichenheit und eine Zufriedenheit und Freude, die er vorher nie gekannt hatte. Wie hätte doch der größte Teil seines Lebens so ganz anders ablaufen können, wenn er in seiner frühesten Jugend schon diese wichtigste Entscheidung in seinem Leben getroffen hätte!

Er wollte immer wieder jeden ermutigen, diese bewusste Entscheidung für Jesus Christus, der uns Menschen den Weg zu Gott als unserem Vater gezeigt und bereitet hat, zu treffen, und zwar so früh wie möglich. Eine bessere Entscheidung konnte ein Mensch in seinem Leben wohl nicht treffen, und es konnte für einen Menschen nichts Schöneres geben, als mit Gleichgesinnten Jesus Christus nachzufolgen und sein Leben in seine Hände zu legen. Damals hatte er sich auch entschlossen, neben den Gottesdiensten in der Kirche gemeinsam mit seiner Frau regelmäßig die Gemeinschaftsstunden der Liebenzeller Mission zu besuchen und im Gemeinschaftschor mitzusingen. Sonntags sangen sie in der Gemeinschaftsstunde sowie zusätzlich bei Evangelisationen und bei Krankenhausbesuchen. Er fand es einfach schön, in der Gemeinschaft mit gleichgesinnten Menschen zur Freude Gottes singen zu dürfen und durch den Gesang die Liebe Gottes zu loben und zu preisen.

Auch seine Frau, meine Mutter, hatte durch seine Entscheidung und durch seinen neuen Lebenswandel nach ihrer schweren Operation wieder neuen Lebensmut gefunden. Vor allem nach seiner Pensionierung war der schöne Garten das Hauptbetätigungsfeld meines Vaters geworden. Deshalb war er mit

Haus und Garten auch so verwachsen, dass er sich vornahm, wenn Gott wollte, so lange wie möglich mit seiner Frau hier wohnen zu bleiben. Es wäre ihm sicher einmal sehr schwergefallen, hier alles aufgeben zu müssen, denn dieses Zuhause war ihm weit mehr als eine zweite Heimat geworden. Nie hätte er es sich früher als ein echter Berliner einmal vorstellen können, sein ganzes Leben auf dem Lande zu verbringen und dabei noch glücklich zu sein.

Ausgerechnet ein tragischer Unfall, ein schwerer Sturz während seiner geliebten Gartenarbeit, beendete jäh mit zweiundachtzig Jahren sein irdisches Leben. Die Abschiedsstunde bei der Beerdigung stand unter dem Bibelwort aus dem Buch der Offenbarung, im zweiten Kapitel, seinem Konfirmations- und zugleich Trauspruch: „Sei getreu bis in den Tod, so will ich dir die Krone des Lebens geben." Dieses Gotteswort ließ uns Angehörige und besonders meine Mutter auf unserem Weg der Trauer Trost und Halt finden.

Marianne J. Voelk

Daniel, mein jüdischer Bruder

Eine Freundschaft im Schatten des Hakenkreuzes

304 Seiten, Taschenbuch
ISBN 978-3-7655-4315-9

Starr vor Schrecken sieht Daniel, wie seine Eltern in ein Auto gezerrt und abtransportiert werden. Zitternd kauert er eine Weile hinter dem Schornstein, da sich noch Gestapo im Garten aufhält. Dann rennt er, so schnell er in der Dunkelheit kann, zum Wäldchen ...

Als Daniels jüdische Eltern deportiert sind, besorgt ihm Rosalies Familie falsche Papiere und gibt ihn nach ihrem Umzug aufs Land als ihren leiblichen Sohn aus. Trotz der Angst davor, bei der Hitlerjugend entdeckt zu werden, verleben Rosalie und Daniel eine frohe Kindheit. Doch die ist bedroht, als Daniel eines Tages zum Arzt muss und sein Geheimnis entdeckt wird ...

Eine autobiografische Geschichte.

Brunnen Verlag Giessen
www.brunnen-verlag.de

Fritz Stiegler

Valentina

Roman

352 Seiten, Hardcover
ISBN 978-3-7655-1237-7
3. Auflage

Valentina, eine junge ukrainische Zwangsarbeiterin, kommt 1943 ins Arbeitslager Langenzenn bei Nürnberg. Sie leidet Hunger und bekommt als Frau alle Arten von Demütigungen zu spüren, bis ihr während eines Ernteeinsatzes die Flucht gelingt. Eine beherzte Bauernfamilie gewährt der Verängstigten Unterschlupf. Valentina wird als neue Magd Irmgard ausgegeben und bleibt – trotz vieler kritischer Situationen – unentdeckt, bis die Amerikaner einrücken.

Fritz Stiegler beschreibt in seinem Buch den Alltag der einfachen Leute auf dem Land in den letzten Kriegsjahren. So verschieden sie in ihrer Haltung zum Staat auch sind, die Sorge um Angehörige, der Kampf ums Überleben schweißt sie zusammen. Vor allem Marie, die Bäuerin, widersetzt sich als überzeugte Christin der Nazipropaganda und tut alles, um Valentina zu schützen.

Brunnen Verlag Giessen
www.brunnen-verlag.de

12702508R00075

Printed in Poland
by Amazon Fulfillment
Poland Sp. z o.o., Wrocław